擁抱致富思維，成爲富一代

我那有錢的高中同學

宋熙九 송희구———著　Loui———譯

나의 돈 많은 고등학교 친구 :
슈퍼리치와의 대화에서 찾아낸 부자의 길

這一刻，我要將這本書
獻給挺身追尋改變的勇氣和無限自由的各位。

推薦序

這本書，讓我們終於看懂富人的底層邏輯

畢德歐夫

我雖然沒有「有錢的高中同學」，又或者學生時期比較駑鈍，沒能察覺身邊的同學其實出身富裕。不過，我很慶幸自己到台北工作之後，認識了不少原本在老家不會遇見的朋友類型。

像是我在臉書粉專時常提到的好友老張，還有富三代朋友P，他們都是讓我大開眼界的朋友。

我們曾經聊過：在台北市，淨資產要達到多少，才能算是前一〇%的有錢人？我天真地回答：「應該有個一億台幣就差不多吧？」

沒想到P平淡地說：「台北市連老公寓都動輒一千多萬，甚至兩千多萬，住在裡面的人你覺得算是富裕嗎？恐怕不算。如果是電梯社區的話，超過三千萬是很常見的。那肯定稱不上是豪宅，不過，上一代就住在電梯社區的家庭，

往往財務狀況也是那個年代相對優渥的，提早規畫爲還在念書的兒女準備一間或兩間房不是什麼很稀奇的事，再加上股票、存款、保險等等，別忘了還有退休金，這樣累積起來有一億淨資產的家庭應該很多，但絕對排不進台北市前一〇%，頂多排進前二〇%就已經很勉強。」

那一刻，我第一次眞正理解：「財富」不是數字，而是結構與積累方式的不同。而這，正是《我那有錢的高中同學》這本書想帶給我們的核心：你不是沒有努力，只是還不懂他們是怎麼想、怎麼走、怎麼選擇的。

這本書是少見以小說形式寫「財富思維轉變」的作品，它用溫柔又犀利的筆觸，揭開了長年壓在我們心頭的疑問：爲什麼我這麼努力工作，也有儲蓄，卻還是在原地踏步？爲什麼看起來平凡的同學，反而能住上頂樓豪宅？

書中的兩位主角永哲與光秀，一個是學歷亮眼的大企業中階主管，另一個是看起來毫不起眼的工程人員。但二十年後，眞正過上從容生活的，卻是後者。

一開始，永哲不以爲意，甚至有點自豪：穿著西裝，脖子掛上大企業的員工證，走在光化門路上，不就是社會勝利組嗎？直到他發現，光秀住在樂天世界塔的高樓層、可以不假思索買下樂天世界快速通關的票，經營的公司甚至還是大企業總部大樓的主要施工廠商，他才眞正驚醒。

你以爲他靠運氣嗎？不。光秀的故事，充滿了現實與選擇的拉扯。他願意在工地從基層學習每一個流程，他投資的是「自己能控制的風險」，並將每一次經驗轉化爲資源。最重要的是，他願意面對自己與他人之間的差距，不逃避、不嫉妒，只是一點一滴修補自己的思維漏洞。

許多人努力工作、甚至投資理財，但只要我們的底層信念還是「怕失敗、怕負債、怕與眾不同」，那麼所有的努力都可能徒勞，因爲那個缸子一開始就是破的。

這本書讓我想起好友老張說過，他母親已高齡九十歲，當年什麼理財都不懂，只是把賺到的錢拿去買保單，或者買幾張台積電與兆豐金，數十年過去，財富的複利超乎想像。

老張至今也仍在努力，不是爲了生計，而是爲了證明自己。他告訴我：「人生不是只有四處花錢玩樂，這樣的生活實在太沉悶了。大多數人之所以渴望那樣的生活，只是因爲人生還沒找到目的，而且連基本的財務安全都不具備，才會有那樣的念頭。」

這樣的體悟，也徹底翻轉了我原本的貧窮視野。

我曾以爲：如果有很多錢，幹麼還要工作？直到十幾年前，無心插柳開始網路寫作生涯，才明白：原來眞正的自由，是當你不再爲錢工作，卻依然選擇有所成就。

這正是本書所揭示的致富本質，不是炫耀財富、不是模仿成功人士的外表，而是從內在翻轉你如何理解「資源」、「風險」、「選擇權」這幾個關鍵字。

成爲富一代，不是爲了炫耀或報復世界，而是學會選擇自己的生活方式。

如果你正處於人生的轉折口，還在爲未來的不確定感焦慮，那麼請讀這本書。這本書沒有投資明牌，但會給你許多的啓發。

與其羨慕那個「有錢的高中同學」，不如學會他的人生底層邏輯。因爲這世上最有價値的財富，不是錢，而是自由地選擇你想過的人生的能力。

（本文作者爲暢銷理財作家，著有《最美好、也最殘酷的翻身時代》）

各界好評

富人為何變得富有？白手起家的富人都知道，富人和窮人的差異就在於「思維」。清楚這個道理，完美體現「富人思維」的人，方可跨過名為財富自由的狹窄門檻。

何謂富人思維？假如你的身邊沒有富人，就得依靠書籍的力量。羅勃特・T・清崎的《富爸爸，窮爸爸》、《Say No的》《Say No的教誨》（세이 노의 가르침）都是很出色的書籍，但這本書能讓各位用最簡單的方式學習富人思維。

事業？投資？缺乏富人思維的人經營事業或投資，無異於用破水缸盛水。以這本書補好水缸，試著去經營事業和投資吧。屆時，各位才有機會躋身富人行列。

——**姜桓國**（《穩穩賺ETF，十年投資配置布局》作者）

稱這本書為韓國版《富爸爸，窮爸爸》也不為過。暌違二十年的有錢同學刻骨銘心的忠告與教誨帶領我們邁向新世界。快速讀完作者以特有輕鬆文風寫下的這三百多頁以後，各位自然會從這位有錢朋友的智慧中得到啓發。

——**鄭泰翊**（Youtuber）

閱讀這本書時，我的臉一直很滾燙，彷彿作者把我素顏的樣子寫出來了。即使闔上書本，我依然有種光秀先生待在我身邊的感覺。感謝這本書爲我平靜的人生帶來滿滿動力。

——**孔升妍**（演員）

CONTENTS

★為便於讀者理解，書中韓元皆以約一：〇．〇二三之匯率換算為台幣。

1. 買快速通關的人

「爸，我腳好痛。」

「早知道就帶露營椅來了。把這個鋪在地上，坐一下吧。」

上一次永哲帶兒子永賢到遊樂園已經是很久以前的事了。永哲將手上的宣傳手冊鋪在地上，讓永賢坐下休息。永賢呆望著那些不用排隊直接搭上遊樂設施的人。

「爸，那些人爲什麼不用排隊？」

「他們在炫耀自己有錢。」

永哲嘆著氣回答。

「我們不能和他們一樣不排隊嗎？我等好久了。」

「不排隊的都是沒有耐心的人。」

「可是爲什麼我們要排隊，那些人不用呢？」

「有一種票可以不排隊，直接玩遊樂設施。買那種票的人都是在浪費錢，反正最後都玩得到，只是時間早晚而已。排隊等待也是一種回憶啊！爸爸小時候可是排了兩小時呢。」

永賢露出不能理解的表情，悶悶不樂地低頭看地板。

永哲別開目光，卻和某個人對視。居然是熟面孔。他嚇了一跳，陳年往事浮上心頭。

「光秀！我沒認錯吧？」

「你……是永哲嗎？」

「哇……太不可思議了？」

「見到你眞的好開心。我們高中畢業多久了，有二十年嗎？」

「剛好二十年。」

「你一點都沒變呢。」

光秀和永哲緊緊握住對方的手。

「這是你兒子嗎？」

「對，他叫光賢。這是你兒子？」

「是啊，他叫永賢。」

光秀和永哲讓尷尬害羞的兒子互相打招呼。

與此同時，永哲的隊伍稍微向前移動。

「永哲，我們難得見面，要一起吃午餐嗎？」

「好啊，玩完這個就去吃飯吧。」

光秀瞥了一眼「從這裡開始一小時」的指示牌，對永哲說：

「那我們玩完這個，先去玩其他的遊樂設施。一小時後在後面的自助餐廳碰面吧。」

光秀和兒子光賢沒有排隊，直接走到遊樂設施入口，等了大概二十秒就搭上遊樂設施。永哲和永賢等了快一小時才終於搭上，玩一趟的時間是兩分鐘，一下子就結束。再過不久就是他和光秀約定的一小時後。

華麗的遊行隊伍經過他們身邊。舞者們身穿色彩繽紛的服飾，一邊燦笑一邊跳舞，永哲看得出神，沒有意識到約定的一小時快到了。

「爸，時間差不多了，我們快點走吧。」

一旁的永賢出聲催促。

「沒關係，晚點到不會怎樣，我們以前可是死黨。」

「我腳好痛，肚子也好餓。而且都約定好了，怎麼可以遲到。」

「知道了，再看一下就好。」

★

永哲和永賢晚了十五分鐘才抵達餐廳。先到的光秀已經在座位上，揮手示意他們過去。

永賢先打招呼：

「你好，我是永賢。」

「你好，我是光賢。」

爲打破尷尬，永賢接著問：

「你玩了什麼？」

「法國大革命、辛巴達冒險、亞特蘭提斯、叢林探險船，還有海盜船。」

「哇，你玩了好多種。」

「你呢？」

「我只玩了剛才那個，排隊排了超過一小時。」

「好奇怪喔……我幾乎沒排到隊……我玩的那些遊樂設施都沒有人想玩嗎？」

默默聽著他們對話的光秀插嘴說道：

「我和光賢比較早來，而且我們買了不用排隊的票。」

「我爸說買那種票的人都是在浪費錢，也沒有耐心。」

永哲聽到永賢說出自己先前說的那些話，頓時尷尬不已，急忙轉移話題：

「哈哈，孩子們，你們想吃什麼？都到樂天世界了，應該要吃辣炒年糕配拌麵吧？」

「好耶！」

餐點送來了。孩子們興高采烈，在一旁邊吃邊聊。

光秀以真摯的眼神看著永哲，開心地說：

「高中時我們每天黏在一起，沒想到畢業後卻斷了聯繫。我很想念你。」

「畢竟我們都忙著上大學、當兵、戀愛、結婚、養家糊口啊。」

「是啊，轉眼就四十歲了，時間過得真快。」

「你過得好嗎？」

永哲相當好奇光秀哪來的錢買快速通關。讀高中時，他時常去光秀父母開的店，非常了解他們家的經濟狀況，絕對不是有錢人家。而且，他現在的穿著看起來，就和社區裡某個住在便宜中古屋的大叔沒兩樣。

光秀吞下口裡的年糕，開口答道：

「我之前在其他城市的一家小建商上班，已經離職了。」

光秀功課不太好，只能到其他城市讀大學，而永哲考上的是首爾頂尖大學商管學系。雖然沒有說破，但永哲心裡其實看不起其他城市的大學。或許就是因爲這樣，永哲和光秀才會斷了聯繫。

光秀接著說：

「我在那裡上班的時候認識了光賢媽媽，和她結婚。你呢？」

「我在光化門附近上班。」

「功課好的人果然會成功。你在大公司上班吧。」

「嗯，是啊。」

「眞帥氣。我什麼時候可以穿著西裝，脖子掛上員工證，拿著咖啡走在光化門路上呢？哈哈。」

「我一開始也以爲這樣很帥，過了一段時間才發覺自己跟別人沒兩樣，那根本不算什麼。」

孩子們似乎吃飽了，離開座位到旁邊玩。永哲和光秀吃得差不多以後，也準備結束用餐。這時光秀瞅了一眼玩在一起的孩子們，對永哲說：

「讓孩子們去玩如何？我搭了幾個遊樂設施，頭有點暈。我的票就給永賢吧。」

「這樣嗎？」

光秀將快速通關交給永賢，摸摸他的頭。

「玩得開心點，叔叔和爸爸在那邊喝咖啡。」

由於午餐是光秀買單，永哲便回請咖啡。

光秀的臉曬得黝黑，厚實的手傷痕累累，以這個年紀來說，白髮稍嫌太多。儘管光秀看起來比永哲老了五歲以上，行爲舉止卻散發出莫名的從容。是因爲外表看起來有年紀的關係，才讓人覺得從容嗎？

永哲實在難以理解，他怎麼會買將近兩千元的快速通關，還買了兩張。

自由使用劵目前半價優惠，一個人六百六十元，兩個人一千三百二十元，再加上自動通關一個人一千九百八十元，兩個人三千九百六十元，總共是五千兩百八十元。光是玩遊樂設施就花了五千多元嗎？或許是因爲住在別的城市，難得來這裡玩，所以才想要一次玩夠本吧。合情合理！

永哲問光秀：

「你離開原本的公司，轉行做生意嗎？」

「是啊，小本生意。」

「生意再小，總是自己當老闆。做得還好嗎？」

「滿有趣的，也滿辛苦的。要煩惱的事比上班的時候多了許多，但畢竟是自己的事業，做久了就會有感情，而且我也從中學到很多。」

「原來如此。你現在住哪裡？」

「我住在上面。」

光秀手指著上方。

不出所料，他果然住很遠。在北邊的非軍事區*附近嗎？早知道他跑這麼遠，就請他吃飯了。眞希望他也問我住哪裡，我可是住在盆唐**，名副其實

*爲南北韓交界處的緩衝區。

**位於京畿道城南市南部，爲高級住宅區與商業區。

的住在上面啊。

永哲穿著泰特利斯高爾夫球衣，搭配菲拉格慕皮帶，怎麼看都覺得身穿不知名品牌的寬鬆 T 恤、棉褲，腳踩黃色耐吉運動鞋的光秀過得不如自己。永哲突然愧疚起來。從國中時期開始，永哲便因爲功課好，經常受到老師和長輩稱讚，後來也考上好大學。

相反的，光秀老是在看無益大考的小說和雜誌。他的父母經營古董店，招牌上寫著大大的「古董」，但看在永哲眼裡，只不過是蒐集看起來還有用的垃圾再賣給別人罷了。光秀每個週末都在店裡的停車場維護那些古董。別人去補習的時候，他淨做一些無關備考的事。

後來，他也果然去了其他城市讀大學。

★

孩子們大概是玩過癮了，邊打鬧邊朝著他們走來。是時候回家了。

「光賢，叔叔送你一件 T 恤。」

永哲為了向光秀炫耀，決定將放在後座好幾個月的公司棒球隊制服送給光賢。更重要的是，他想讓光秀看看他年初才買的賓士 E-Class。他們一起走到停車場，永哲按下遙控鑰匙解鎖。

嗶嗶。

亮白色的賓士 E-Class 車燈閃了兩下。輪胎不是國產的耐克森，而是進口的米其林，鋁框就有如一次都還沒用過的銀色烤肉盤，看起來格外耀眼。

永哲打開後座車門，裡面有好幾袋的吐司，旁邊則是尚未拆封的新 T 恤。他拿出兩件 T 恤。

「這件是光秀的，這件是光賢的。」

「謝謝叔叔，我會好好穿它的。」

「好。光賢，如果還有想要的東西，儘管跟叔叔說，叔叔再送你。光秀，你們怎麼回去？」

「我沒開車來。」

看來他連車都沒有。不過他也可能是開車過來，但是覺得難為情才說沒開車。

「光秀，今天眞的很開心。想不到我們會再相遇。」

「是啊，以後常聯絡吧。永賢，改天來我們家玩，叔叔請你吃好吃的。」

永哲按下車子的啓動鈕。

轟隆轟隆。

今天發動比平時更順呢。

2. 新辦公大樓工程

集團會長最近買下江南區的土地，準備蓋新辦公大樓。這是會長多年來的計畫，希望將分散各地的子公司匯聚起來，發揮加乘效果。工程負責人原本只打算整修既有建築，但會長想直接蓋一棟新大樓。原因在於，會長已故的父親一直盼望辦公大樓具備地標性，以提升集團聲望。

永哲是公司的中階管理者，他臨時被分派到新辦公大樓工程小組。施工廠商和設計師遴選是最棘手的工作，但這件事比預期更早結束。因爲查核施工廠商的投標文件時，他們發現所有廠商都串通好了價格，只有一家例外。今天下午將和施工廠商進行首次會議。

永哲和小組成員提前在大會議室等候。過不久，施工廠商老闆和員工也被帶到了大會議室。他又看見了熟悉的面孔。

是光秀。

永哲和光秀互看著對方，露出不解的表情。他很想問「光秀！你怎麼來了」，卻又擔心別人說閒話，只好忍了下來。會議過程中，他始終分不清自己是否處於現實。

光秀的小公司要興建我們這種大公司的辦公大樓？

難不成……他打算轉包。

還是說……他認識會長？

永哲心不在焉的時候，同事們已經搞定重點，將日程和付款文件都處理好了。會議順利結束後，光秀和永哲相約到公司附近的咖啡廳。

「光秀，這是怎麼回事？」

「我們公司參與這次競標，然後被選上了。可能是因爲去年我們幫你們子公司蓋了兩間工廠，評價還不錯吧。」

「這樣啊？我不清楚耶。」

「我也嚇了一跳。我們以前只蓋工廠，但我一直想挑戰蓋大樓。這次的設計主要都是由那位揚名國際的設計師負責，我們只是單純施工而已。我原本很擔心他是法國人，不知道雙方該怎麼溝通，沒想到他韓文超好。這個案子應該會很有趣。」

「眞了不起。不過你沒關係嗎？」

「什麼意思？」

「我是說，你沒有蓋大樓的經驗，要是現金流出了問題，公司說不定會面臨困境……你知道的。」

永哲一方面懷疑光秀做不到，一方面又眞的擔心他。

「就試試看啊。你們公司不是會欠錢的公司，只要我好好做就沒問題了。

這次建案的負責人是你嗎？」

「嗯，我原本在行銷部門，新辦公大樓興建期間就暫時負責這一塊。」

接下來的幾個月，永哲的小組又和設計師、施工廠商開了幾次會議。

★

設計定案後，廠商開始動工。他們劃定了工程車輛出入口，設置了圍欄，怪手和翻斗車也進場待命。

永哲來到施工現場，光秀開心地和他打招呼：

「永哲，你怎麼來了？」

「會長很關心新辦公大樓，幾乎每天都要我們跟她報告進度。我以前只會在新聞上看到會長，鮮少見到本人，但最近我們小組的辦公座位都直接移到會長辦公室門口了。」
「我可以寄照片給你啊。」
「會長叫我親自過來確認、拍照，還要求我簡報，我總得知道些什麼吧。今天要做什麼呢？」
「如果說太多營造專有名詞，會長和你應該都聽不懂，我就簡單解釋吧。首先要挖地，也就是打造地下停車場和通道空間。人們通常認爲這很容易，不過是挖出泥土，但如果挖到巨石，可是要進行爆破的。」
「爆破？你是說用炸藥嗎？」
「沒錯。我們必須找專門爆破的廠商來幫忙，不僅費用和時間會增加，也要顧及周遭的民怨和安全，需要留意的地方將多上許多。」
「了解。」
永哲拿起 **iPad** 記錄。
「今天只會挖地嗎？」
「對。可是我們不能影響鄰近建物的地基，必須持續進行擋土支撐作業，防止周遭泥土坍塌，這個工程稱爲擋土牆工程。」

「原來不只是挖土啊。啊，我不是那個意思……」

光秀一邊看著司機們坐上重型機械，一邊對永哲說：

「這樣挖著挖著，設計圖上的建築就會出現在我們眼前，很神奇吧。畫在紙上的設計圖原本只是想像中的圖畫，但是讓它成爲現實，就和我讀過的書、做過的各種東西一樣。」

「開挖囉！」

工地所長大聲喊道。永哲看向手錶，時間是早上八點五十九分。

光秀負責的施工現場有一個原則，第一挖永遠是早上九點。其實早上或下午動工都沒差，但他總覺得早上九點最合適。雖然很像迷信，不過光秀的前老闆都是這麼做的，所以他也跟著這麼做，儘管他不知道具體原因。

十五台重型機械同時開挖，部分負責將泥土聚集在一起，部分則負責將聚集在一起的泥土移到卡車上。永哲先前經過建築工地時，只能透過圍欄縫隙窺探，像這樣直接在工地裡觀看，不禁有種自己正在建造巨大王國的感覺，令人內心澎湃。

光秀監工了大約十五分鐘，就來到永哲身邊。

「光秀，你不用繼續監工嗎？」

「他們全是老手，怪手方向盤都握三十年了。」

「話雖如此……要是眞的失手怎麼辦？」

「有人在旁邊監工，只覺得很討厭吧。就像你在吃飯的時候，有人在旁邊盯著看一樣，多不舒服。況且，站在那的工地所長比我更懂營造，我相信交給他就對了。」

永哲似乎覺得安全帽悶熱，不時舉起來透氣。

「所以，今天只會挖地囉？」

「嗯。」

「要挖到什麼時候？」

「這項作業比想像中久……先抓一年吧。」

「一年？那我得向會長報告要挖一年地嗎？」

「哈哈，是啊。會長想必也很清楚。」

「那我們小組這一年要做什麼……我已經計畫好到推廣教育中心去上晉升培訓班、英語課，但剩下的時間還是太多啊。」

「要做的事情還不少。檢討設計圖，看內裝、外裝、窗框、照明有沒有需要改進的地方，這些都要提前確認。」

「但也要懂，才知道可以怎麼改進吧……」

「你可以多參觀其他公司大樓，看看它們的動線安排，確認哪種建材符合你們想要的高級感、哪種照明有效益，或是玻璃的透光率該到何種程度。」

「嗯……在簡報上放滿照片應該不錯，也可以表現出努力奔波的樣子。」

永哲脫下安全帽，他的頭髮變得扁塌。

★

過了一年，地基工程告終。粗大的橘色 H 型鋼陸續運至工地，開始建造骨架。

這天，永哲發現自己忘了拍隔天報告要用的照片，又擔心時間太晚，不好意思拜託光秀，決定親自跑一趟。

他停好車，準備走進工地時，發現門沒關。值班人員平時都會鎖門，他不禁感到奇怪。他走了進去，看見值班人員在裡面和一名男子交談，是光秀。光秀穿著體育服和運動鞋。他見到永哲，高興地招呼他：

「永哲！這麼晚了有什麼事嗎？」

「我想補拍一些照片。」

「都這麼晚了，跟我說不就好了。」

「不好意思這麼晚還麻煩你。不過，你怎麼會在這？」

「我慢跑到一半，擔心值班班長無聊，就繞過來看看。」

光秀家不是在……非軍事區附近，有一整排鐵柵欄的地方？

「你上次不是說你住在……上面嗎？」

「嗯，在那上面。」

光秀指向樂天世界塔。

「樂天世界……塔？你是說喜格尼爾*嗎？」

*樂天世界塔共一百二十三層樓，有商場、商辦、飯店等設施，其中四十二至七十一樓是名為 Signiel Residences 的豪宅，由喜格尼爾飯店管理。

「對，我買了其中一間。」

這樣說來……他在樂天世界指的上方，並不是北邊的非軍事區，而是天上……

從那邊過來大概三公里，往返六公里，慢跑確實沒問題。顯而易見的答案讓永哲大受衝擊。

「這……這樣啊。我先去拍工地的照片。」

「好。班長，請幫忙開燈。」

啪。

燈亮的時候發出了很大的聲響。永哲在恍惚之下隨便拍了一些照片。

「光秀，那我先走囉。」

永哲坐進車子裡。夜幕低垂，遠遠就能看見的樂天世界塔在夜色下顯得更加奪目。

我住在盆唐，光秀卻住在天堂。

難道那裡有十坪大的辦公室？

買了其中一間……他是抽中優先認購權*嗎？

好奇得令人發狂啊。

紅燈一亮，永哲立刻拿出手機上網搜尋不動產資料。後方傳來響亮的喇叭聲，燈號不知不覺已經轉綠，他再次啟程。他第一次巴不得可以多停幾次紅燈。但接下來整路都綠燈，連讓人猶豫該踩油門還是煞車的黃燈都沒遇到，他一下子就到家了。停好車後，他將車子熄火。

他再度上網搜尋，卻找不到十坪大的辦公室。坪數最小的一間，實際成交價是一億一千萬元。

光秀到底經歷了什麼？

功課不好的古董店老闆兒子……不太對勁。

他買了比特幣嗎？也對，他喜歡的東西都莫名其妙，說不定真的是這樣。

下次必須問個明白。

不對，得先查證才行。

＊韓國有購房儲蓄制度，開立「請約帳戶」，定期儲蓄，可獲得一次抽籤機會，享有公共住宅或民營公寓的優先認購權。

3.

讓想像成為現實

這陣子，永哲週一至週五都到推廣教育中心去上課。從家裡開車過去，差不多要兩小時。推廣教育中心的停車場到處可見進口車。

永哲的賓士 E-Class 毫不遜色，即使有 BMW 5 系列這個競爭對手也一樣。不管怎麼說，買車還是要買賓士。不過，同樣是賓士，如果開的是 C-Class，恐怕只會被人看不起，嘲笑你只是愛面子才開賓士，搞不好還得分期付款才買得起。他看到另一個競爭對手奧迪，但它很久以前便已淪落到和福斯平起平坐了。果然還是賓士好。梅賽德斯—賓士、三芒星、成功的象徵。

進到教室，他看見其他子公司的員工，有化工、證券、重工、資產管理、工程、能源等。起初大家都很尷尬，直到破冰之後，氣氛活絡許多，沉默的大叔們開始露出輕鬆的微笑。

第一節課結束，休息時間一行人蜂擁到外面抽菸。大家看著手機，眉頭深鎖。在能源公司上班的人率先開口：

「唉……我買了我們公司的股票，現在跌得好慘。」

在證券公司上班的人回他：

「你不該買我們集團的股票。看看我們，公司裡都是像我們這樣的人，能有什麼發展？我知道一支股票……」

永哲瞪大雙眼，轉過身來。

「哪一支？」

「我認識的大哥是這支股票的操作主力，他收到內線消息……啊，他叫我不要告訴別人的……」

「唉唷，說一下嘛。在這裡碰面也是一種緣分啊。」

「那……我只告訴你們喔。千萬不能說出去，我會出事的。」

「知道了啦。」

「路那生物科技，簡稱『路生』。」

「路那生物科技……」

「我們私底下都說路生，因爲不能讓別人知道。」

「路生……好，不過爲什麼選這支？」

「它的生髮藥已經完成第三期試驗。任何部位只要塗上這種藥，很快就會長出毛髮，看看這張照片。它的股票說不定會上市呢。」

抽菸的人紛紛停下動作，盯著他手機裡的照片。確實毛髮相當茂密。

「這是眞的嗎？」

「我才不會騙人。這種拯救我們禿頭族的藥一旦開賣，肯定很快就會在KOSPI（韓國綜合股價指數）或納斯達克上市。」

「上、上市嗎？那先投入十萬元，不就……哇……」

「投入十萬元等漲停，等到上市……是可以賺不少，但要逆轉人生還是很難。我自己是把退休金都投進去了。」

聽到逆轉人生這句話，永哲眼前突然變得模糊。他腦中的開關「啪」一聲打開，頓時燈火通明。

他賣掉手上所有股票，連請約帳戶和安全存款也全數投入，梭哈！

隔天，漲了五％。

再隔一天，漲了九％。

股票持續上漲，新藥測試想必進行得非常順利吧。腦內分泌的化學物質與胸口爆發的熱能相遇，引發令人興奮的融合反應。

★

週五下午兩點，他上完了推廣教育中心的課，開車回家。途中睡意襲來，他決定在休息站休息片刻。他在休息站買了沒有折扣的玉米鬚茶。本來想吃碗泡麵，最後決定買熱狗年糕串。淋完醬料後，他用大拇指點開手機裡的證券應用程式。

負七三％。

幾年前他曾經買下虛擬貨幣，報酬率一直落在負七〇％至負九〇％之間。但這不是虛擬貨幣帳戶啊。

他重回手機桌面，再度點進證券應用程式。

股票名稱：路那生物科技

報酬率：負七三％

怎麼可能，再看一次，還是負七三％。這是夢，一定是夢，不可能會這樣。管他大韓民國禿頭族的希望會不會破滅，我的錢可不能泡湯。

證券公司那個臭小子。

永哲把吃了一口的熱狗年糕串丟進垃圾桶。

居然賠得精光。

他啓動車子，踩下油門。

他好想放聲大喊，實在太沒有眞實感，讓他不知道該做什麼。他想不透自己究竟是操縱者還是被操縱者，也分不清哪些是眞、哪些是假了。

時空當下四分五裂，彷彿會連結到四次元的異世界。不對，或許是他希望自己能掉進那種無法挽回的空間。

永哲離開水洩不通的高速公路，來到漢江公園。他下車，走向連接江北和江南的橋梁。

他沿著台階往上走。他不知道自己爲何這麼做，就只是不斷往上爬。愈接近橋面，車聲愈大聲。愈往上爬，視野愈好。到了台階盡頭，他順著橋繼續走。由於交通壅塞，他的步行速度和車子的行進速度相差無幾。

他沒有停下腳步，但車子走走停停。

抵達橋梁正中間。

天空如此遼闊，江水如此湛藍。
難道我的股票下跌是因爲這片藍*的關係嗎？
他抓住欄杆，探頭往下看。
他向來好奇，跳下漢江眞的會死掉嗎？
那時候，要是沒有出去抽菸，而是去上廁所的話……
那時候，如果不去理會那個人說什麼的話……
那時候……
那時候……
假如可以回到當初的話。
假如可以重回那裡就好了。
奇怪的是，這種感覺並不陌生。
一陣風吹來，他的頭髮隨著柔和的風輕飄。
他想起來了，就職後第一次聚餐結束，他開心地獨自走在街上時，感受到

*韓國以藍色表示股票下跌。

的也是同樣的風。

冬天即將過去的寒風和預告春天的暖風，混合成恰到好處的溫度，拂面而過。

此時，忽然有人大喊：

「喂，大叔！」

他嚇了一跳，回頭看是誰在叫他。

緩慢行進的車流當中，有個老人搖下車窗，向他揮手。

「跳下去也不會死！所以快回家去吧！快回去！不要胡思亂想！」

老人大聲喊叫。他坐在車子裡，看不清楚長相。身爲人生前輩，他似乎想要傳達自己從過去經驗中領悟的眞相。

老人的車緩緩隨著車流向前，最後消失在前方。永哲愣愣地看著它離開。

手機傳來訊息提醒：

科長，會長說週一要向她報告進度。

永哲將風抛諸腦後，走下橋梁。儘管不想接受現實，他依舊開車前往施工現場。光秀今天也戴著安全帽、腳踩安全鞋在現場指揮。

永哲擺出一張苦瓜臉環顧周遭。光秀見他垂頭喪氣，便開口問：

「你怎麼了？」

「我好想喝酒。一切都完了。」

永哲露出世界末日的表情。

「到底怎麼了？」

「光秀，我好想哭。」

「這樣下去不行，你到我家喝一杯吧。」

光秀走到工地所長旁邊說了幾句話，便脫下安全帽和安全鞋，換上黃色耐吉運動鞋。

他們搭上計程車，前往光秀家。

★

彷彿來到了外星球，樂天世界塔愈來愈靠近，眞的好巨大。

計程車停在飯店門口。

永哲平常都是遠遠眺望樂天塔，從來沒有眞的走進來過。這裡的入口和他住的大樓入口有著天壤之別。警衛一個個都像是總統隨扈，站得筆挺，沒有人打瞌睡，讓人有種應該要先買入場券才能入場的感覺。

他們穿過住戶專用通道，進入電梯，刷卡按下樓層。

光秀按了六十一樓，六十一是朴贊浩*的背號。光秀從小就喜歡朴贊浩。

「你住六十一樓該不會是因爲……」

「沒錯，這是朴贊浩的背號。但我不是刻意選這個樓層，只是因爲當時的選擇不多。」

說沒幾句話，電梯就來到六十一樓。前面就是大門了，永哲的心臟噗通噗通狂跳。

居然就這樣來到韓國最高、最貴的豪宅。

兩人脫下鞋子。光秀的黃色耐吉運動鞋此刻看起來像是黃金打造的一樣。

光秀的妻子，以及之前在樂天世界見到的光賢出來打招呼。

「進來吧。這是我老婆，光賢你之前見過了吧？」

「叔叔好。」

光賢以九十度向他鞠躬。永哲努力擠出笑容，摸摸他的頭。

他四下張望。天色已黑，看不清楚外面，但能看見江邊北路和奧林匹克大橋，看來那邊應該是漢江。平時要上山才能看見的夜景映入眼簾。客廳裡有幅巨大的畫，上面是彩虹色的塗鴉，似乎很名貴。

光賢剛才好像在窗邊觀測星星，打完招呼後，又回到了原本的位置，盯著天文望遠鏡看。

「爸，那裡有北斗七星。」

「是嗎？你找找看有沒有其他星座，我和叔叔聊一下。」

光秀從酒櫃拿出紅酒，又從冰箱拿出吐司和起司。他取出小木砧板，在上面將起司切片。

「光秀，我上個廁所。」

＊傳奇棒球選手，也是韓國第一位進入大聯盟的選手。

永哲走進廁所。

裡面的裝潢全是大理石，感覺比一般家庭的主臥室還寬敞。他走到馬桶邊，馬桶蓋便自動掀開。吹風機是戴森的。

他看向浴缸，裡面似乎有東西。是冰塊，浴缸裡放滿了冰塊。

浴缸裡爲什麼要放冰塊？

他洗好手，走了出去，看見一旁的書房，便若無其事地走了進去。書房裡全都是書，寬大的書桌上整齊擺放著筆電、全家福照片、鋼筆、鉛筆等，以及一把老舊的鉛筆刀，和簡潔的現代風格實在不太協調。他想起來，光秀高中時就用這把鉛筆刀了，眞不知道他怎麼會用到現在。

椅子由厚實的黑色皮革和緊密的織品組成，比會長的辦公椅更華麗。整體奢華程度勝過飯店套房。永哲盡力保持鎮定，希望自己看起來像是經常進出這種場所的人。「負七三%」暫時從他的記憶當中消失。

光秀在他離席期間打開音響，蕭邦的《第二號鋼琴協奏曲第二樂章》打破短暫的寧靜，輕柔流洩。高級的音樂。

光秀打開紅酒軟木塞，「啵！」高級的聲音。

紅酒倒入杯中，「嘩！」高級的聲音。

酒杯碰撞，「鏘！」高級的聲音。

光秀帶著擔心，小聲問他：

「發生什麼事了？」

「負七三%」再度回到永哲的腦海中。

「我完蛋了……」

「你在說什麼？」

「我買了別人推薦的股票……現在都變成壁紙了。」

「你買了多少？」

「一百萬元。」

「一百萬元？目前剩多少？」

「明天大概剩十萬元吧。」

「什麼？那是詐欺吧。」

「嗯……應該是詐欺沒錯。」

「你怎麼會被騙？」

「我一直有在買股票，剛好在推廣中心認識證券公司的人，說他知道那家公司正在研發新藥，我就把存款全投進去了……」

「一百萬元嗎？」

「嗯，我本來只打算投資十萬元，想想又覺得，想要逆轉人生，這樣絕對不夠……反正我現在也用不到一百萬元……他是證券公司的人，我當然相信他啊。」

「啊……真棘手呢……」

兩人啜飲一口紅酒，再咬一口吐司。永哲認真品味。

「這是低溫熟成吐司嗎？」

「你怎麼知道？」

「我可是吐司控，早就吃遍全國各地的吐司了。先不說這個，你有買股票嗎？」

「偶爾。」

「偶爾？什麼意思？」

每天看股票的永哲對這樣的答案感到訝異。

「我只在大暴跌的時候買股票，大概兩、三年一次吧。」

「那你什麼時候賣？」

「以前不是有這麼一句話嗎？村子裡的老奶奶拿著錢包去證券公司買股票的時候，代表要進入泡沫期，該賣股票了。那句話好像說對了。要是出現過熱的訊號，即使覺得會再上漲，我仍然會賣掉股票。降低期待，似乎就是投資股票的重點。」

「期待？」

「期待分爲兩種，一是已經買進的個股股價正在上漲，但你期待它再上漲；二是預計買進的個股正在下跌，但你期待可以撿到更便宜的。只要降低期待，就不會賠錢。」

「唉……用說的當然容易。」

「是啊，沒有人知道高點和低點在哪裡。與其猜測高點和低點，不如在大跌的時候買進，留下安全邊際。」

「你也買美股嗎？」

「嗯，我持有 S&P 500 股票一段時間了。其實我買美股最大的原因是爲了持有美元。美元是主要貨幣，未來也很難被取代。幾年前，很多人說比特幣可能會取代美元，不過以目前的狀況來看，根本是無稽之談。假如比特幣的價格穩定，說不定有機會和美元一爭高下，但它波動這麼大，實在不符合穩定這個必要條件。我認識的富人都求穩定，即便報酬率低一點也無所謂。」

「那股票最大的風險是什麼？」

「不動產買賣最大的風險是人口外移，無論速度快慢都一樣。而股票最大的風險，我認爲應該不是暴跌或暴漲，而是投資標的消失吧。」

路那生物科技尚未消失。

永哲！打起精神！

永哲閉上眼睛，大力搖頭。

念書的時候功課不太好的光秀，現在看起來好聰明。

這麼說來，他能搬進這裡，是因爲股票賺錢的關係嗎？

頭好痛，不想再聊股票了。

「你在開工那天說過，畫在紙上的設計圖原本只是想像中的圖畫，但是讓它成爲現實，就和你讀過的書、做過的各種東西一樣。那是什麼意思？」

「我說過那種話嗎？」

「嗯，在開工那天。」

「你記憶力真好。」

光秀搖晃酒杯，讓紅酒在杯中旋轉。高級的搖杯動作。

「別人在看參考書、寫習題的時候，唯獨我看的是跟大考毫無關聯的書。我唯一的興趣就是收集我爸媽店裡賣不出去的東西，將它們拆解、拼湊，藉此打發時間。」

「對，你的確是這樣。」

「我當時只是覺得東西丟掉很可惜，所以才收集它們。但有一次發生了一件神奇的事。」

「什麼事？」

「有個貌似大學生的人上門來，說要買其中一件我隨便做的東西。那本來就是要丟掉的東西，我媽覺得正好，便以四百元賣掉。三個月後，我們從報紙上看見那個人的採訪，得知他是新興藝術家。」

「咦？原來他是藝術家啊。」

「他的出道作品就是在我做的東西上塗顏料。」

「什麼？那是詐欺吧？」

「我也不清楚。那件作品的名字是『負與負的連結』。」

「他根本是神經病吧。」

「他在採訪中提到，他爲了尋求靈感，花了一年時間走訪全國，直到在某家古董店才停下腳步。接下來的內容我不太記得了。他花了一年的事不知道是眞是假，如果是眞的，那就太棒了。」

「喂，他搶走你的作品，有什麼好開心的？」

「他那麼說，不就表示我做的東西是他那一年看過最好的作品嗎？那就夠了。況且，如果我沒賣掉它，最後也只是丟掉而已。有人懂它的價値，幫它穿上新衣，讓它重新出現在世人面前，我已心滿意足。」

「唉，雖然是這麼說，還是好可惜。」

永哲吃起司的時候像是在嚼魚乾一樣，光秀則是將起司含在口中，感受它的味道。

「我那時候學到了一件事。」

「學到什麼？怎麼詐欺？還是如何幫別人的作品上色，成為明日之星？」

「你會這麼想也很正常，但我當時更好奇，他為什麼會關注別人連瞧都不瞧一眼的東西，又是怎麼靠它獲得新興藝術家獎。在我看來，那也是一種能力。我試著揣摩他可能思考過的事情，比如什麼樣的東西值得關注，這東西可以在什麼時候、什麼地方派上用場，以及為什麼要這樣做。另外，我也想過他想成為藝術家的原因，他想創造什樣的作品，以及完成作品後想怎麼運用等等。」

「你學到了這些？」

「嗯，我當時只是把東西拼湊起來，但他可是苦惱了很久，才完成那件作品。」

「不過，你做這些東西的時候也是經過思考的啊。」

「確實如此，但是我沒有想過這些東西可以怎麼運用，我甚至不知道要這麼做。其中的差別就在於未來有沒有發展性。同樣的東西，有人只會把它丟在角落，有人卻把它變成了藝術品。成功與失敗，似乎便源自於這樣的差異。」

「不是有沒有讓別人看見嗎？」

「嗯……那也沒錯，但有沒有目標，仍然是最大的差異。你記不記得以前來我們家的古董店時，客廳中間老是放著一個桶子？」

「我記得啊，你說那裡會漏水。」

「我以前總是咒罵蓋那棟房子的人，但是自從看了藝術家的報導後，我改變想法了：不如我自己蓋一棟不會漏水的房子。所以我今天才會走到這裡。」

永哲似懂非懂。老實說，他非常好奇光秀住進喜格尼爾的契機。換句話說，他想知道該怎麼賺這麼多錢，卻又不好意思直接問。

難不成……光秀是路生的主力嗎？

拚命拉高股價，然後在頂點一次賣掉……

「永哲。」

「嗯？」

「你在想什麼？」

「沒、沒事，你繼續說。」

「在那之後，我一直用鉛筆亂畫，試圖畫出房子的草圖。我一開始畫在白紙上，後來改買製圖紙。當時我畫的房子很簡單，就像《三隻小豬》裡面的房子一樣。可是我發現自己的方法行不通，才去考建築系。如今回想起來，如果我當時沒有持續作畫，說不定只會空想，不會眞的成爲蓋房子的人。設計圖原本只是想像中的圖畫，但我們可以讓它成爲現實，就是這個意思。」

「我想問一個問題，要是設計圖畫錯了怎麼辦？難道不會從一開始就走錯路了？」

炒股炒到賠錢的我怎麼會問這種問題？

光秀功課比我差，是能跟他學什麼？

不對，我不是在請教他，我們只是在討論。

光秀喝了一口紅酒，接著說：

「那就是最大的絆腳石。」

「你說畫設計圖嗎？」

「不，是害怕自己畫錯，就乾脆不畫的心態。」

啊，擊中要害。

眞想爲自己辯駁。

「不、不是啦，我的意思是，就算畫好設計圖，也有可能中途發現它逐漸偏離方向，或者不如預期嘛。」

「那是常有的事。」

「咦？常有的事？」

「挖好地基，完成混凝土灌漿、基礎鋼筋綁匝以後，卻發現結構傾向某一邊。這種狀態下如果繼續蓋，就算低樓層看不出來，高樓層也會出現明顯傾斜。這不光是美觀問題，也關乎安全。」

「這樣要重新蓋嗎？」

「如果水平抓得回來，就要重新蓋。如果已經蓋得差不多了，就要重新設計，想辦法改善傾斜的問題。然而很多人不會這麼做，畢竟所費不貲，工時也會大幅增加。這麼一來，很難不發生工安事故。」

「太不像話了。他們爲什麼不這麼做？」

「因爲自尊心。」

「什麼？」

「想要改正一件事，必須先承認過去的自己錯了。即便錯誤就在眼前，人們也會用盡一切力氣不去接受事實。」

「那樣的話，要是建築物倒了怎麼辦……好可怕。」

「是啊。可是，不僅蓋房子的人這樣，這世界上大部分的人都是這樣。」

「什麼意思？」

「發現自己錯了時，很少人會主動認錯，反而會想盡辦法找藉口辯駁。以稍微廣泛的角度來看，明明只要認清問題，修正方向就好，大部分的人卻出於本能只想合理化自己的行為，說自己這樣也過得很好，繼續下去也沒關係。」

「要怎麼知道自己錯了呢？過得好或壞的基準又是什麼？」

「每個人心中都有一把尺，差別只在於你選擇傾聽內心的吶喊，或者摀住自己的耳朵。」

總感覺光秀仗著自己賺了一點錢，就自以為了不起。但既然都問了，就打破砂鍋問到底吧。

「這就是有沒有錢的差別嗎？」

「雖然有些關聯，但還有一個更根本的問題。人之所以愈來愈不滿，主要的問題是明知不可行，卻依然彆扭地得過且過。」

「彆扭地得過且過……比方說？」

「嗯……永哲，我接下來要說的絕對不是在影射你。之前去樂天世界時，我花了將近兩千元買快速通關，玩了十項遊樂設施都不用排隊。那些排了一小時的人肯定用羨慕的眼光看著我，但多數人心裡想的是『他是做什麼工作的』，還是『我也要多賺點錢，以後才能買快速通關』呢？」

「說實在的，看到別人不排隊就搭上遊樂設施，我有種被插隊的感覺，心想那些人仗著自己有錢就不排隊。」

「是啊。有錢可以做很多事，如果直接放在同一個地方比較，或許真的會令人心煩。可是，花錢買時間和方便這件事，正發生在更巨大的時空之中。」

「怎麼說？」

「有錢人住的地方離上班地點近，空間又大。沒有錢的人只能住在比較遠的地方，空間又小。」

「確實是這樣。」

「你把上班地點想成遊樂設施看看。」

永哲陷入沉思。

「富人玩遊樂設施不用排隊，就如同他們在上班地點附近買房子，爲自己節省時間一樣。」

「沒錯。我剛才不是說，心中充斥不滿的人不會過得好嗎？只知不滿卻不作爲的人與想辦法解決不滿的人，選擇的道路是天差地遠。在這個十字路口，一條路是得過且過，放任不滿持續累積，另一條路則是稍微改正，或許就能解決問題。」

「只知不滿卻不作爲的人與想辦法解決不滿的人……」

永哲長嘆了口氣。

下班都快累死了，到底還要我做什麼？

光秀和永哲拿起酒杯，走到窗邊。窗外漢江蜿蜒綿長，宛如一尾青龍。

永哲感到一陣空虛，眼前大大小小的房子，卻沒一間是自己的。老實說，這陣子房東一直說要漲全稅房*的押金，讓他苦惱是不是該去貸款。

該問光秀的意見嗎？

*韓國特有的租屋制度，房客付給房東房價的五到八成當作押金，租屋期間不用每個月繳房租，退租時房東會將押金全數退回。

這是最後的自尊心了。

可是，住在這裡的人會對住全稅房的人產生同理心嗎？

他飲盡紅酒杯中的深紅色液體。

「光秀，其實我住的是全稅房，你覺得我應該買房子嗎？」

光秀露出毫不在意的表情。永哲本來還擔心他會露出勝利的微笑或輕蔑的冷笑，沒想到他如此平靜，永哲反而有點洩氣。

「有自己的房子當然好。」

「有自己的房子，也不等於富裕吧？」

「你反過來想，哪個富人住全稅房呢？」

「對耶，他們都有自己的房子……」

永哲又喝了一口紅酒。

他在不知不覺中已微醺。

他看著玻璃窗映照出的光秀說：

「我好想去『那那世界』。」

「那那世界？」

「嗯，那個時候那樣做的世界。」

「什麼意思？」

「那個時候那樣做的話，結局應該不一樣吧……那個時候那樣做的話，現在的我應該會不一樣吧……那是遺憾，也是妄想。」

「誰沒那麼想過。」

「也是。」

「因爲沒有走過，才會覺得那條路沒有任何缺點吧？」

「有道理。也可能是因爲我們向來屈就現實，不斷做出同樣的選擇，才會對其他道路有所留戀……」

光秀和永哲望向窗外，許久沒有移開視線。

★

永哲回到家中，時間已經很晚了，但老婆和永賢還沒睡。

「永賢，爸爸回來了。」

「您回來了。」

永哲脫下夾克，一屁股坐上沙發，立刻陷了進去。他深吸一口氣，接著慢慢將它吐出來。

窗外月亮高掛，又圓又亮。

「永賢，你覺得月亮上住了誰？」

「哎，月亮上怎麼住人。」

「爸爸也是這麼以爲，沒想到我的朋友就住在上面。」

「咦？」

永哲努力把手伸向月亮。

「我碰得到嗎？」

永賢直愣愣地盯著永哲。

身爲小學生的他，心裡似乎也有些想法。

4. 永哲買了房子

永哲獨自吃著午餐，他覺得光秀的成功莫名其妙。他今天沒有心情和任何人吃飯，也沒有勇氣點開證券應用程式。

他帶著鬱悶的心情走到公司附近的算命館，同事們都說這家算得很準。

我居然會到這種地方……

從以前到現在，他都覺得算命是種迷信，如今卻走到這裡。一轉眼，他已經坐在裡頭。坐在他對面的巫女身穿華麗韓服、臉上畫著大濃妝。

「你怎麼現在才來？」

他才剛坐下，巫女就質問他爲什麼現在才來。

「你命中缺土……也缺木……嘖嘖嘖。」

「咦？」

「命中缺什麼，從你的臉就看得出來。你爲什麼活得這麼辛苦？」

突如其來的一句話觸動了永哲的心，給予他從未有過的慰藉。

巫女眞摯的眼神穿透了永哲的心。

「你住哪裡？」

「我住在盆唐。」

「哎呀，你沒經歷過順風順水的好日子吧？」

「對。」

「你知道你的問題出在哪嗎？你命中太多水，不能住在炭川附近，要避開水脈才行。」

投資股票失利、一直沒有自己的房子、每次睡醒都渾身不舒服，原來都是有原因的。

「每個人的運氣和屬性都不同，你必須住在適合自己的房子，生活才會順遂。」

「原來如此，所以我才活成這副德行啊……」

「如果你想擁有財富與名聲，繼續住在現在的房子是不行的。你必須遠離有水的地方，才能避開煞氣。」

「那我該搬到哪裡呢？您有推薦的地方嗎？」

「最好搬到靠近山的地方。不用深山，只要遠離水，後面有樹林就好。」

「可是我的小孩還在念書，假如搬家的話，他得每天通勤上學，不然就是要轉學。」

「你這小子！想讓你的孩子活得跟你一樣嗎！缺土又缺木，繼續住在水邊的話，一旦氾濫，可是會山洪暴發的！少量的土和大量的水摻在一起，不僅很難累積，連辛苦累積至今的種種也會全部垮掉！」

巫女忽然大聲嚷嚷，雖然有點嚇人，但似乎是眞的在替我擔心。

由於沒有現金，永哲選擇以信用卡結帳。對方要求多付一〇%的手續費，以往他都會覺得可惜，今天卻不這麼認爲。

走出算命館，他看到了清溪川。難道我工作不順利，也是因爲清溪川嗎？他開始胡思亂想。

他外帶一杯咖啡，準備回公司。迎面而來的人臉上堆滿笑容，明明和他們待在同一個集團，自己卻毫無歸屬感。大家似乎都和同事相處融洽，相當滿意職場生活。

唯獨我有不滿嗎？

爲什麼？

爲什麼只有我……

「進來看看吧。」

一位太太硬是塞了一個購物袋到永哲手中，然後挽住他的手臂。

「進來看一下嘛，看看就好。」

她的語氣懇切，永哲不自覺地乖乖跟她走。

是連棟透天的仲介所。

「哎呀，先生，歡迎光臨。我來和您說明一下，不會太久的。」

滿面油光的大叔把他拉到座位。

「這間位在京畿道廣州的連棟透天，沒有一般獨棟透天的缺點。想擺脫沉悶的市中心，與大自然爲伍，這裡是最適合的地方了。不久之後，那邊會開通一條大馬路，附近還有高爾夫球場，視野和交通條件都很棒。長遠來看，這裡肯定保値。不好意思，請教您住哪裡呢？」

「我住盆唐，這裡離我小孩的學校好像有點遠。」

「喔，您住盆唐啊。開車二十分鐘就到了。很多住大樓的人都因爲受不了鄰居的噪音，搬來這裡，而且他們大部分都是專業人士喔。爲了子女，開二十分鐘的車也不爲過吧。」

他看了一眼傳單上的地圖。附近沒有河流或小溪，後面有座山，換句話說，土木不缺。

他有點動搖。

「住大樓很難找停車位吧？這裡每戶都有兩個停車位，車子直接停在自家門口就好。除此之外，社區有入口管制，不是住戶絕對進不來，相當重視保全問題喔。」

「這樣啊……」

「我們有樣品屋，進去看看吧。」

他參觀了一旁的樣品屋。

眞舒適。我一天至少要喊十次「永賢不要跑」，這裡好適合他啊。廚房在一樓，臥室在二樓，不用擔心食物的味道飄到房間。鄰居都是專業人士，永賢可以跟他們的小孩交朋友。哎呀，聽起來好像不錯。

他大大動搖，思路在不知不覺中已經往同一個方向去：這是好地方，有投資價值，我有機會致富了。它將爲我帶來與路那生物科技完全不同的結果。

他腦中的開關再度「啪」一聲打開。

永哲就這樣買了連棟透天。

★

今天是混凝土灌漿的日子。預拌混凝土車在工地大排長龍，忙碌地擺動車尾。

突然間，下起了傾盆大雨。工地所長憂心地看著天空說：

「這場雨似乎還會下很久。光秀老闆，今天應該沒有辦法施工了。」

「知道了，所長。那就先撤了吧。」

工地所長和光秀商量過後，指示工人們離開。原本拿著手機拍攝預拌混凝土車的永哲忍不住發牢騷：

「氣象局搞什麼啊。」

「永哲，我們去吃蔥煎餅吧*。」

*韓國人習慣在雨天吃蔥煎餅，並搭配名為馬格利的傳統穀物酒。

「可是我等等還要回公司，不能喝馬格利。」

光秀拍拍他的肩膀，給他一個「我知道了」的眼神，就往工地後方專賣蔥煎餅的小店走去。

「阿姨！來一鍋大醬湯和一份海鮮蔥煎餅！」

光秀點餐點得很自然，不知道是經常來的緣故，還是根本不在意要花多少錢。一副自信滿滿的模樣，難道這就是有錢人嗎？永哲突然覺得自己的菲拉格慕皮帶顯得寒酸。

咕嚕咕嚕滾沸的大醬湯上桌了，鋪滿魷魚的海鮮蔥煎餅緊隨在後。他們用筷子將蔥煎餅分成小塊，形狀不太規則。

光秀夾起蔥煎餅，打開話匣子：

「你買的那支股票，我確認過了，好像不全然是詐欺。那家公司剛成立，我改天想親自走一趟。」

「我已經死心了。請約帳戶被掏空，瞞著老婆存的安全存款也全沒了……眞要命，我什麼時候才能再存到那些錢啊？」

沉重的空氣環繞四周。

「光秀，積沙成塔這句話是眞的嗎？月薪一下就花光了，就算有剩一點零頭，想靠那筆錢買房、投資談何容易。唉……」

「沙子不管積多少都是沙子啊，呼一口氣就飛走了。」

這小子……在跟我開玩笑嗎？

光秀接著說：

「不過，揚起沙子的話，就有機會看見高塔。」

「咦？揚起沙子？你指的是投資嗎？」

「沒錯，但有一件更重要的事。」

「什麼事？」

光秀用湯匙勺起大醬湯，放到永哲的碟子裡，還給了一堆豆腐。

他刻意讓自己的語氣聽起來不像在開導人。

「人們都把投資當成某種抽獎，不是中獎，就是槓龜。」

永哲有點心虛，但他故作淡定，表現出若無其事的樣子。

「所以呢？」

「所以總是一邊想著賺錢，一邊嘗試各種方法。如果看到有人賺錢，就照著他們的方式去做。然而，這樣下去，最後只會不了了之。」

永哲徹底被說中了。但他無法承認自己就是那樣，特意裝得好像在聽別人的故事，隨口附和：

「我身邊很多這種例子。」

「人們一開始的目標是『我想成功』，後來改成更具體的『我想賺很多錢』。然而，不管目標怎麼改，只要過程一天不變，人生就絕對不會改變。」

「這個跟理財有關嗎？」

「我的意思是，如果想賺錢，就必須拋棄過去的習慣與想法。如同蓋一棟新房子之前，必須先夷平原本的房子。人們為了改變人生，往往會在設計階段有模有樣地制定『我會如何改變』的計畫，到頭來卻又為了節省成本和時間，沒有完全拋棄原本的東西。」

我做錯什麼了嗎？

他想叫我改變什麼？

永哲陷入思考。光秀繼續說下去：

「誰不想要快點成爲富人呢？」

「對啊，上了年紀才成爲富人，根本沒有用。」

「想要快點成爲富人，就跟想要牛排快點熟一樣。」

「我們吃的是蔥煎餅，爲什麼突然提到牛排？」

「如果急著吃牛排而開大火煎它，在裡面熟透之前，外面就全焦掉了。外面太焦不能吃，裡面太生不能吃，不就只能丟掉嗎？」

「把焦掉的部份去掉，重新煎過不就得了？」

「這樣一來，不只吃到的牛排變少，也要花更多的時間，還會產生廚餘。就像捨不得拆遷的成本和時間，直接在上面擴建，結果房子倒了一樣。我是蓋房子的，自然拿這個打比方了。」

光秀和永哲雙雙舀起一大口飯。

「那我該怎麼做？」

「嗯……永哲，我也不知道正確答案……」

「你買下喜格尼爾，也算是成功了吧。」

啊！不小心就說出心裡話了。眞想把話吞回去，可惜辦不到，既然如此，那就全說了吧。永哲決定坦率提問：

「告訴我現在該做什麼吧。我指的是怎麼賺錢。」

「賺錢的方法有很多種……首先，你必須按照我剛才說的，拋棄過去的一切，重新建立基礎。」

「光秀，我們已經四十歲了，不會太晚了嗎？」

「永哲，不好意思。每次別人問我怎麼賺錢，我的答案都一樣。可是，所有的人都會找藉口，比如時間太晚了、自己太老了、沒時間、很忙、身體撐不住。」

那不是藉口，是我眞實的想法啊。永哲心裡不太是滋味。

「好……我不找藉口。你的意思是，現在還不晚吧？」

「當然啊，我們的人生還很長。」

人生哪裡長？明明就很短。永哲在心裡喃喃。

「拋棄過去的一切，重新建立基礎，具體該做些什麼呢？」

「你必須顚覆原本的常識，就像我先前說的，沙子不管積多少都是沙子，但揚起沙子就能看見高塔。」

「好……那就顛覆吧。」

全都無所謂了。就當眼前的人不是我的高中同學，是我偶然間認識的喜格尼爾住戶。

轉念之後，永哲的心情輕鬆許多。

光秀想了一下，終於開口：

「人們認爲薪水變高，便能過得更好，其實不然。」

「薪水變高，手頭不就更寬裕了嗎？」

「因爲薪水愈高，稅金愈重。當薪水變高時，所得稅和各種稅款也會跟著上調。」

「不過，扣掉稅金，存進帳戶的錢還是變多了啊？」

「依然有限。況且，每個人都相信現況能永遠維持下去，但現實並非如此。在支出不斷趕上收入的同時，我們很快就會邁入退休年紀。」

「你的意思是，應該要考慮沒有收入的時候嗎？」

「沒錯。我們得爲沒有收入的時候做好準備，事前配置資產。」

「揚起沙子就能看見高塔，是叫我把薪水變成資產嗎？」

「嗯，沒有資產就不能退休，必須持續工作，做到老死。更慘的是，高齡再就業的薪水遠低於年輕時，物價和稅金卻上漲許多。」

「最近在外面吃午餐，的確漲了很多，但還不至於買不起。」

「不過，資產的差異可不只是一、兩百元，而是一、兩千萬元。人們來不及搭上資產列車，才在那邊責怪投機者製造泡沫，祈禱列車脫軌或逆向。」

「總有逆向的時候吧？」

「即便能在逆向的時候以低價收購，人們也常常錯過機會。因爲大部分的人都以爲逆向不會結束，不敢放手做任何事。我們熟知的安全資產對抗不了通膨。準確來說，通膨會讓貨幣貶值。」

「所以說，資產價格下跌的時候，就是收購的好時機囉？」

「不一定要等下跌，機會隨時都有。只是下跌的時候機會更多而已。『在恐懼中買入，在樂觀中賣出』這句話可不是隨便說說。」

「好難喔，我怎麼敢在下跌的時候出手？我很可能會抓到刀刃啊。」

「是啊，這不容易。畢竟賺錢這個行爲十分感情用事。」

「什麼意思？」

「人們自以為理性，其實早就偏向某一邊。說現實一點，就是只看自己想看的，只相信自己想相信的。如果資產價格低，應該要確認它為什麼便宜；如果資產價格高，則要確認它為什麼貴。而不是看到它落在低點就一律買下，或是認為便宜一定沒好貨，說什麼都不買，淨做些不理性的判斷。那將掩蓋事情的本質。」

永哲暗自思忖：難道我是感情用事的投資人嗎？

光秀接著說：

「在投資上感情用事，那就是把它當成遊戲。」

光秀沒有說「賭博」，而是委婉地用「遊戲」來取代。永哲再度思考：一直以來，我只是個遊戲玩家嗎？

他們一人一塊吃掉最後的蔥煎餅。

永哲對光秀說：

「這段時間，我非常害怕週一早上。」

「上班有壓力嗎？」

「不，是股市又開市了。老實說，每次想到早上九點開市以後，又要面對不斷閃爍的藍光……」

「這麼說可能不太好……」

「沒關係，多說些狠話讓我清醒吧。」

「多數人進行投資，都是出於自卑感。」

「不是爲了賺錢嗎？」

「人們聽到身邊的人繼承了父母的財產，或是透過股票或不動產賺大錢、年薪千萬時，內在的自卑感往往會更強烈。」

永哲想起自己第一次進到光秀家的心情，實在反駁不了。

光秀繼續說下去：

「無論是自卑感或剝奪感，被情緒操縱的投資一定不容易成功。」

「最近很多年輕人都這樣。」

永哲很清楚，當中也包含了自己。

「你們公司也有很多想要一夜致富的人吧？畢竟現在的主流不再是勞動所得主義，而是資本所得主義了。」

「對啊，勞動變得好沒有價值。」

「但我認爲，大家對於輕鬆賺錢的渴望，反而讓勞動的價值因此提升。沒有人想要勞動，使得勞動者的薪水愈來愈高。薪水變高，不就表示勞動的價值提升了嗎？」

「咦？大家不是都貶低勞動嗎？」

「資產市場景氣好的時候確實如此。然而，不景氣的時候，任誰都會說有薪水領最好。人們絞盡腦汁不讓生活支出大於收入，但事實上，多花時間增加收入，才能以勞動代價去購買變便宜的資產。大部分的富人都不會偏向勞動或資產任何一邊，而是各取所長。」

永哲完全不懂資產，他連勞動都快搞不清楚了。他好想知道怎麼賺錢，又要怎麼成爲富人。可是大醬湯和蔥煎餅都吃完了，小菜碟也空了，甚至水杯也見底。光秀起身結帳。

「需要收據嗎？」

「不用，謝謝。」

「光秀，謝謝請客啦。這週六要來我家吧？」

★

今天是週五，明天就是光秀一家人來玩的日子。雖然比不上光秀家，但還是想讓他們看看我的房子有多棒。永哲一心只想快點回家好好準備。

下班時，忽然下起大雨，永哲好不容易突破大雨帶來的車潮，來到社區附近。他看見兒子永賢淋著雨蹣跚爬坡，手上沒有傘。永哲趕緊把車停到永賢旁邊，將車窗打開一小縫。

「永賢，快上車！」

永賢看了車子一眼，繼續往前走。

咦？爲什麼不上車？

他把車子稍微向前開，並將車窗再開大一點。

「永賢，快點上車！」

永賢不理他，繼續走自己的路。

怎麼了？

永哲用最快的速度把車開回家，然後拿著傘出去接永賢。

「我不是說要載你嗎？怎麼不上車呢？」

永哲幫永賢撐傘，全身溼透的永賢哽咽回他：

「別人都取笑我住在鄉下。」

「這裡哪是鄉下，這種房子可不是隨便什麼人都能住的。」

「只有腳力好的人才能住吧。我也想要放學後跟朋友一起玩、一起去補習，可是不行。因爲我要坐長程公車回家。」

「下次找朋友來玩吧。讓他們看看我們家有多棒，如何？」

永哲試著哄永賢。

兩人回到家，趕緊把身體擦乾，外面的雨下得更大了。電視播送著山洪暴發的新聞。永哲家位於高處，不太可能淹水。他內心一陣澎湃。

「哈哈哈，取笑你的那些同學應該都不能出門了吧。我就說住在高一點的地方比較好吧。」

永哲內心火熱，額頭卻感到一股涼意。

「怎麼回事！」

滴、答、滴答、滴答。

水從天花板滴下來。漏水了。永哲到廚房找桶子，永賢帶著更失望的表情回房間。

隔天早上，雨無聲無息地停了。永哲到鄰近的房屋仲介所詢問當地可以幫忙抓漏的廠商。問完以後，他忽然好奇起最近連棟透天的行情。

「請問一下，上面的連棟透天，現在價格是多少？」

「最新成交價嗎……我看看……」

到底是多少？他好想快點知道答案。

房仲用食指將眼鏡往上推。

「成交價是八百八十萬元。」

「咦？我不是問後面的，是前面這一區。」

「沒錯啊，八百八十萬元。您住在那邊嗎？」

「對……」

「您當初是認購的吧？認購價是多少……」

「啊……那個……」

「您想賣嗎?」

「沒、沒有。」

「想賣的時候可以來找我。不過,已經六個月都沒有人來看房子了,而且也有別間想賣。」

「好……我知道了,再見。」

永哲急急忙忙離開。

退掉全稅房,申請一大筆房貸,花了一千五百四十萬元買的連棟透天,居然價格腰斬。天花板漏水,錢包破洞,他的心在淌血。

這該死的賠錢人生。

做什麼都虧本。

真想剁掉自己的手!

他自怨自艾地爬著上坡路。不知道是否心情使然,他覺得自己爬的是看不到盡頭的喜馬拉雅山。

怎麼會跌價?問題出在哪?

從今天起,得好好研究行情砍半的原因才行。

快到家的時候，他突然踩到軟軟的東西。是狗大便。住在連棟透天的人，每戶至少養了兩隻狗，而且都是大型犬。總共二十四戶，起碼有四十八隻。他在旁邊的石頭上摩擦鞋子，試圖擦掉黏在鞋底的狗大便。

他發現了住在這裡的第一個缺點：隨地便溺的狗太多。

隔壁鄰居正在遛他們家的兩隻狗。該不會就是這兩隻幹的好事吧？其中一隻狗對著他吠。

汪汪汪！

緊接著，其他房子裡的狗也跟著吠了起來。整個社區鬧哄哄的，令人抓狂。

他發現了第二個缺點：隨地便溺、隨便亂叫的狗太多。

回到家中，脫鞋準備進門時，他看見白色瓷磚地板上有死蟲子。好噁心。天氣再冷也有蟲子。

第三個缺點，不只狗多，蟲子也很多。

他走向廚房，空氣中充滿肉香，看來老婆正在烤肉。不對，她不是去超市了嗎？

他從窗戶往外看，對面的庭院炊煙裊裊，似乎正在開烤肉派對。不僅停車場爆滿，路上也都是車子，好像來了很多客人。烤肉的味道瀰漫整個社區，濃煙甚至直接竄進家裡。他打算關窗戶，卻發現早已關上。

他發現了第四個缺點：異味比氧氣更濃。

再過兩小時，光秀一家人就要抵達。他用吸塵器將玄關的蟲子打掃乾淨，也把床上捲成一團的棉被攤開，抓起來抖一抖，再輕輕放下。好久沒看到鋪好的棉被了。

接著，他拾起浴室地板上的頭髮，丟進旁邊的馬桶，再擦去鏡子上沾到的牙膏痕跡，將餐桌上的雜物全部收放抽屜，把枯萎的花盆移到庭院。

老婆採買回來了，開始準備做菜。她撕開食品包裝，將裡面的東西全部倒進鍋子，直到煮滾。準備告一段落。

永哲在庭院遙望光秀到了沒，遠處有輛白色的現代 Grandeur 正奮力爬坡。

如果是賓士就能輕鬆上來了……拜託別再這麼想了。

剛搬來的時候，就算徒步上來也很輕鬆，但最近連車子都很難上來，彷彿在滑雪場的高難度路線逆行。下雪的時候，這裡或許真的會變成滑雪場吧。

啊，發現了第五個缺點：下雪的時候無法通行。缺點實在不少，感覺還可以再找到其他的，但難保不會戳到致命傷，還是停下來吧。

光秀一家人抵達。光秀將車子停在停車場一角，全家一起下車。雙方先愉悅地相互問候，再步入整理乾淨的房子。永哲接過他們的外衣掛好，帶他們來到擺好食物的餐桌旁。永賢和光賢可能是因爲見過面，彼此不太尷尬。每個人都吃得津津有味。

餐後，光秀和永哲走到庭院，庭院雜草叢生。光秀一邊環顧四周，一邊說道：

「我以前很嚮往這種房子，但現在不敢了。因爲我不太會整理。」

嚮往嗎？永哲很開心，這裡有喜格尼爾沒有的庭院。

光秀忽然問：

「這裡是買的嗎？」

他輕描淡寫地問了敏感問題。但因爲他口氣平淡，倒也不會讓人不快。

「嗯，是認購的。」

光秀望向庭院對面的房子和隔壁的房子。

此時，永哲的老婆走到他旁邊說：

「房價跌了一半，就跟你說住大樓就好……」

光秀迅速估算永哲賠在股票和不動產的大概金額。

「永哲，你賣掉這裡，先搬到全稅房或月租房吧。」

永哲老婆回道：

「這樣比較好嗎？現在賣還來得及吧？」

「是啊，嫂子。我剛才來的路上，發現這附近蓋了很多連棟透天和獨棟透天，賣不賣得掉還很難說。」

這小子幹麼在我老婆面前說這種話！

這種事應該私下和我說吧。

「本來住大樓住得好好的，我老公卻突然說要搬家，太讓我傷心了。」

永哲老婆走進房子裡。

永哲瞥了光秀一眼，問他：

「這裡賣得掉嗎？」

「很難。」

他的口氣很肯定。

「我該怎麼辦？股票、房子，沒一件事做對的。」

「嗯……」

「我今天發現了這裡有幾個缺點，比如蟲子多、狗大便多、鄰居家傳來的異味和噪音、回家要爬坡……唉……」

「那都不是問題……」

「還有其他的？」

「對，這裡的變現性差。變現性佳指的是隨時都有人想買，有一定的剛性需求，可是這裡類似的房子太多了。再加上一般人喜歡鄰近捷運、學校或超市等便利設施的大樓，多過連棟透天。尤其是有小孩的人，住在學校或補習班附近的大樓，肯定比較方便。」

「不過這裡空氣好，也接近大自然啊。」

光秀閉口不言，深深吸了一口氣，再慢慢吐出來。他望向遠方的山。

「空氣眞好。」

聽起來像是在說「也只有空氣好」。

永哲偷看光秀的表情，放下自尊發問：

「眞的……要賣掉這裡嗎？」

「投資不動產記得這兩件事就好：變現性和地段。」

永哲想起他在房屋仲介所聽到的話：已經六個月都沒有人來看房子了。

他好像終於明白變現性是什麼意思。

光秀在永哲思考的同時，爲他補充說明：

「地段好的話，變現性自然就好。」

永哲陷入沉思。

這樣說來，這裡地段不好囉？

不對，我搬來這裡是爲了避開水，吸收土的正氣。

讓我成爲高階主管的正氣！

他走在不知道還能不能稱得上是草皮的草地上，原以爲可以經常在這裡運動、開派對的大片草皮，早已成爲蟲子的棲息地。對面的房子還在烤肉，不斷冒出濃煙。另一頭的房子，豢養在圍欄裡的狗正對著路過的狗吠叫。

永哲看著遠方的山說道：

「我兒子該怎麼辦？你留這麼多給兒子，應該不用煩惱吧。眞希望永賢能成爲專業人士。」

「成爲專業人士不錯啊。但即使沒有走上那條路，依然有其他好出路。」

永哲決定一吐爲快，將這段期間想對光秀說的話全說出來：

「光秀，說實在的，對我們月薪族而言，這種話根本不切實際。除了像你一樣已經成功的人，誰說得出這種話？最近當上醫生和律師的門檻固然變低了，依舊是難以翻越的高牆啊。」

「我說的不只是致富之路。人沒有高低之分，有的只是優劣意識。職業亦沒有高低之分，有的只是貴賤意識。貴賤意識從何而來？正是我們自己。說什麼是社會讓我們這麼想的，不過是在找藉口。從頭到尾，那都是個人的想法罷了。」

「你會這麼說，是因爲你有錢。被雇主壓榨，辛辛苦苦工作的人才不會這麼說。」

光秀憶起自己在貨櫃屋生活的時期，但擔心引起不必要的舌戰，話到口邊又吞了回去。

「永哲，你知道學校和人生的差別是什麼嗎？」

「是什麼？」

「學校是先學習再考試，人生是先考試再學習。在我看來，只要有決心，想要在人生中拓展、改變自己的想法，絕對可行，因爲人生和學校不一樣。」

「話雖如此，但大多數人都只是上班族，很難拓展、改變自己的想法。」

「許多人煩惱雞蛋該放在同一個籃子裡，或是不同的籃子裡。可是，他們卻只有一隻雞在生蛋。換句話說，比起如何分配雞蛋，雞的生死更重要。」

「那隻雞要是死掉……一切就玩完了呢。」

「嗯，說到底，不管是專業人士，還是上班族、事業家，都應該把心力放在擁有更多的雞。對了，我昨天去拜訪路那生物科技了。」

「咦？那家騙人的公司嗎？」

「不，親自看過以後，我發現他們和我想的不太一樣，研究人員眞的非常認眞研發新藥。」

「那都是作秀！全是演給你看的！這些騙人精。」

「路那生物科技的老闆超委屈，他們什麼也沒做，卻因爲某個主力炒作他們的股票，害他們變成一家壞公司。雖然不是很顯著，但他們部分樣品的測試確實成功了。我親自確認過了。儘管不知道什麼時候才會上市，但我對他們有信心，所以買下了三成的股份。因爲我認爲他們被低估了。」

「喂！他們是騙人的……我不負責喔。唉，你幹麼買他們的股票啦。」

這時候，光秀的手機響了。來電者是永哲的組長。

「呵呵呵，光秀老闆好，我是永哲的組長。」

「您好，組長，最近還好嗎？」

「當然當然。呵呵呵，我有事想找您談談。」

「是，請說。」

組長頓了一下，接著說：

「我們到現在都還沒一起吃過飯呢。一般來說，逢年過節也會送個禮……不過，光秀老闆的公司一直沒有表示。呵呵呵。」

光秀聽到這裡，舉手示意永哲自己要先到外面講電話。

「我進入這行以後，曾經有幾次因爲送禮或飯局的事遭受誤會，所以最近很少這麼做了。」

「這樣啊。不過我很好奇，您認識我們會長嗎？」

「我和會長沒有私交，但先前分公司施工時見過幾次面。」

「我只是不太能理解，會長這麼嚴格的人，怎麼會選擇一家小小的建商？您和永哲科長又是朋友關係，實在很奇怪。我絕對不是在懷疑什麼喔。呵呵呵。」

「您想說的是……」

感覺不對勁。光秀立刻按下錄音鍵。他堅持使用 Galaxy 手機，就是爲了這項功能。

「我怎麼知道永哲科長每天和您見面，都吃了什麼好料，拿了什麼好處呢？我畢竟也是新辦公大樓的組長，您居然連請吃個飯，送個年節禮物都做不到，哎呀。」

這樣明目張膽要求的人至今仍然不少。

「組長，改天一起吃頓飯吧。」
「終於可以好好溝通了呢。」

★

隔天，光秀將他錄下來的內容播放給工地所長聽。
工地所長察覺到組長的期待以後，小聲嘀咕：
「他聯絡你的時間比預期來得晚呢。」
「對吧？」
「那個組長，先前來這裡的時候，其他人都在巡視工地，只有他把心思放在別的事情。」
「沒錯，開會的時候也老是提聚餐的事，然後開完會就約喝酒。」
「光秀老闆，我會去找他，你不用管這件事。」
「所長要去嗎？」
「這種事我最在行，我可是在這個圈子三十年了。」

兩天後，工地所長前往約定的地點，組長已經坐在裡頭等候。那是一家破舊的老店，組長心裡不是很高興。

「組長好，您還記得我吧？」

「是，所長。光秀老闆呢？」

「他太忙了，所以我代替他出席。我要點餐，請給我們兩人份的肝連肉，一瓶燒酒。」

互相斟酒後，組長開口了：

「光秀老闆怎麼說呢？」

「他請我好好招待您這頓飯。」

「沒說其他的？」

所長沒有回答。他「喀噠」一聲扭開燒酒的蓋子，把組長的酒杯再次斟滿，也斟滿自己的，接著和藹地笑著說道：

「我和光秀老闆共事超過十年了。」

「所以？」

「他和我承諾過，無論是招標單位或合作廠商，他都不會私下收禮或送禮，哪怕只是小東西也一樣。」

「眞不懂得變通，這樣要怎麼和大企業做生意。」

組長迅速喝光杯裡的燒酒，接著拿起所長面前的酒瓶，重新斟滿。

「組長，我想會長的想法應該和我一樣。」

「喂，所長，我的意思就是會長的意思。你和會長又不熟。嘖嘖嘖。」

「我所認識的會長和組長都是公正明理的人，我也希望兩位在我心中正直經營公司的印象不會改變。雖然我們是小公司，你們是大企業，但我期望雙方合作秉持乾淨透明的信任關係。」

「哎呀，你是在威脅我嗎？老虎不發威，當我是病貓啊？你們想付賠償金嗎？所長，你以爲我是軟柿子吧。我一定會讓你們吃盡苦頭，等著看吧！」

組長大口飲盡燒酒，「鏘」一聲將酒杯重重摔在鐵桌上，聲音大到整家店都聽得到，接著便拿起包包離開。

所長完全沒有動搖，他似乎已經想好接下來該做什麼，以及不該做什麼。

5.

錢會跟著人走

光秀的父母經營一家古董店。店面是木造的，每到梅雨季都會漏水，颱風天則會發出嘎吱嘎吱的聲響。他的父母說這裡是他們家的根基，守著它超過四十年，期間不曾改建，僅偶爾修繕。光秀考上大學、獨立生活以後，碰到颱風天或下大雨，都會回店裡幫忙，因為父母已無力自行修繕。

某次，中柱出現裂縫，修繕工程花了不少錢。光秀認為繼續下去，店面總有一天會倒塌，未來零零總總的開銷也不容小覷。要是自己會蓋房子就好了，他多想立刻拆除店面，重新蓋一間新的。因此，他決定讀建築系。

大學畢業，回到首爾以後，沒有公司願意錄用光秀。能在位於忠清道的小型建築公司謀得一職，已值得感激。

公司的主要業務是建造商場，但因為是小公司，內部欠缺分工的概念，一個人要做好幾個人的工作。當時，光秀幾乎從拆除到完工都住在工地，一年有三百天在貨櫃屋吃住。每當天氣不好、鄰居抗議、材料供給出狀況，導致工程速度變慢時，他都會親自搬運鋼筋和磚頭，幫忙鋪磁磚、漆油漆。

光秀其實不需要這麼做，他也不情願，但不得不做。因為老闆都自己下去做了，他再不得已，也要做。

就這樣過了一年，他開始看懂建築，也感受到工作的樂趣。他原本以為自己沒有任何天分，沒想到在建築業界找到自己的天空。在貨櫃屋生活幾年下來，他學到了很多，也獲得了許多經驗。有時遇到大學建築系的同學，他還會指導他們。如今，他似乎可以重建父母的古董店了。

幾年過去，老闆的身體狀況急速惡化，公司瀕臨倒閉。儘管老闆凡事都會挺身而出，體力卻趕不上意志力。雪上加霜的是，老闆連不需要他親自出面的事情都想做，常常插手員工的業務。雖然老闆和員工之間有情分，卻缺乏信任。要是他願意信任員工，肯定能擴展事業規模，也能顧全自己的身心健康。

最終，公司倒閉了。光秀開了自己的公司，並說服公司的後輩加入，在一棟小商辦大樓租了間辦公室。

第一個承包案是中小企業的工廠。他錯估材料費、人事成本、工期等重要事項，由於出錯的是自己，他沒有向對方索取額外費用，虧損了一大筆錢。那時候他才知道，前老闆有多厲害。

完工後，客戶很滿意結果，立即和他簽訂第二份合約，還向身邊的人介紹光秀，幫他的公司接了不少訂單。然而，無論事前確認多少次，設計和成本計算還是會出錯，工期和順序也常有狀況。為了不留下壞印象，他從不將問題推給客戶，全都自行吸收。別人笑他傻，但光秀認為客戶的信任更重要。

光秀的員工從一個人增加到七十個人。他不只認真建立公司與客戶之間的信任感，也對自己與員工之間的信任感下足功夫。他賦予每個員工權限與責任，盡力不干涉他們的工作。

在中小企業口耳相傳之下，大企業也注意到他的公司，還發包大型工廠建案給他。

畫好設計圖，打造外牆，隔絕揚塵和噪音，確保外面看不到，在裡頭完成辛苦的工事。一塊地從打地基、搭鋼筋，直到建築物逐漸成形、愈蓋愈高的過程，似乎與一個人走上致富之路的過程密不可分。

⋯

永哲為了拍照，在上班前先到工地一趟。工地所長揮舞著水管，朝四周噴水。他黝黑的臉上滿是深深的皺紋，一看就是業界的資深老手。

「所長早安。」

「科長早安，來拍照啊？昨天施工的區域要搭電梯上去，沒問題嗎？」

「沒問題。」

永哲戴上預備的安全帽，進入工地。這是他第一次搭乘懸掛在建築物外的施工電梯。鐵門嘩啦啦地關上。所長用粗糙厚實的手按下頂樓鈕，他的手和光秀的手很像。

啪啪啪啪，電梯發出噪音，搖晃上升。上升的速度遠比在外面看的感覺還要快，好可怕。永哲的腿在發抖。

「這是臨時搭建的電梯，有點可怕，但從來沒有掉下去過。」

聽完所長的話，永哲總算安心。一到頂樓，他立刻走出電梯，所長快步跟上，向他說明施工現況。

「那邊是先前配置電路的地方，目前在做的是牆面工程。」

永哲拿起手機拍照，畫面有點霧。他用袖子擦拭鏡頭，重新再拍一次，這次乾淨許多。拍完照片後，他們準備下樓。所長按下電梯關門鈕，向他問道：

「你不抽菸嗎？」

「對，我不抽。所長呢？」

「我以前一天抽超過一盒，身體變差後就戒了。要喝杯咖啡嗎？」

所長開心地邀他同行。

永哲跟著所長走進貨櫃屋，裡面有台咖啡販賣機。免費的。按下按鈕後，紙杯應聲落下，接著咖啡嘩啦啦流出。免費的東西總是令人心情愉悅。

「來，請喝。」

「謝謝您。」

兩個人在有點尷尬的氣氛下啜飲咖啡。

「永哲科長，你覺得我看起來像建造什麼的人？」

「咦？建造……房子……嗎？」

「哈哈，我是建造希望的人。」

「希望？啊，這樣啊。所長在這個行業很久了嗎？」

「是啊，我做很久了。本來應該要退休了，但爲了生活不得已。而且啊，看著房子慢慢成形好有趣，看到它完工也很有成就感。我叫別人絕對不要踏入這行業，結果自己卻一直做。呵呵呵。」

「您怎麼認識光秀的呢？」

「看來光秀老闆沒跟你提過。我是光秀的前老闆。」

「咦？這樣啊。」

「比起當老闆，我更喜歡像現在這樣當一名員工。當老闆的時候，我控制不住自己，每天都想著要怎麼降低成本、會不會有什麼差錯、爲什麼那個員工只有那點程度、要是這個員工離職怎麼辦、會不會有人在工地亂丟垃圾。成天擔心這、擔心那，一天只睡三、四個小時，其餘時間都在工作。後來，我累垮了。把公司收起來以後，我的身體狀況終於改善，但我覺得好無聊。我想，或許是我一輩子都在工作的緣故吧。那時候，光秀老闆問我想不想和他一起工作，於是我們就再度合作了。」

「光秀以前是怎樣的員工呢？」

「我記得他總是拿著一本小冊子，不停做筆記。跟在我身邊應該很辛苦，但他把工作做得很好，一句怨言也沒有。不但把別人不喜歡做的事全攬下來，麻煩的雜事也會看著辦。我非常感謝他。聽說你本來就認識光秀老闆？」

「是，我們是高中同學。」

「眞羨慕你有這樣的同學。」

「有個有錢的同學……的確不錯。」

「哎，那算什麼，我的朋友比他更有錢。比起錢，人更重要。因爲錢會跟著人走。」

「錢會跟著人走？」

「我們是蓋房子的，免不了認識很多屋主。他們剛好分成兩種類型，一種是想盡辦法使喚別人到最後一刻，另一種則懂得體諒、願意伸出援手。」

所長黝黑的手拿起紙杯，一邊喝咖啡一邊說：

「對我們來說，蓋完房子就完事了，但對於屋主來說，蓋完房子的那一刻卻是新的開始，不是嗎？基於這個原因，我有時候路過之前的建案附近，都會特地繞過去看看，看我蓋的房子現在狀況如何，那家公司經營得好不好。神奇的是，時常製造麻煩的人經營的公司往往很快就倒閉，而態度很好的人經營的公司通常愈開愈大，還能在旁邊蓋新大樓。」

「原來如此。」

「所以啊，人更重要吧。」

★

永哲前往公司的路上，滿腦子都在想「錢」和「人」。他任職的公司上班時間是上午九點到下午六點。他八點半就到公司，六點十五分左右下班。永哲的後輩們則是八點五十五分上班，五點五十八分開始關電腦，收拾東西，六點整準時下班，一秒都不願意加班的意志非常強烈。

幾年前，永哲每兩天就要加班一次。在他看來，六點準時下班不是壞事，不過，算得太精確，未免有點不近人情。

最近離職人數日漸攀升，今天也有人離開公司。那位進公司滿五個月的新人，發信向全公司員工道別：

雖然時間不長，還是感謝各位前輩對我的指教。

他要去哪家公司呢？

對方開的條件很好嗎？

永哲聽到了離職員工和同期新人的部分對話。

「你眞的要離職？」

「嗯，我打算挑戰一次。如果順利的話，就可以獲得股份，成爲共同創辦人。不順利的話，大不了重新找工作。」

「你好樣的。假如我說要創業，我爸媽一定會打斷我的腿。」

原來是要創業。

永哲並不好奇新人爲什麼拋棄公司這樣有名氣又穩定的職場，只是不明白既然要創業，當初爲什麼還要求職。

吃完午餐後，永哲前往公司附設的圖書館，那裡很安靜，適合午睡。他找了一個角落位子，正要閉上眼睛時，眼角餘光瞄到一本書：《年輕人的職場生活》。

最近的年輕人別說熱情了，根本只能用冷血來形容，來看看他們是怎麼生活的吧。

他一頁一頁地看下去。

時代改變了，勞動價值就留給螞蟻吧。我們要創造的早就變成資產價值了。

一步一腳印就留給蝸牛吧。我們要尋求的是一飛沖天。

勤奮能幹的稱讚就留給蜜蜂吧。在現實世界裡，沒有房子，別人只會笑你是愚蠢的乞丐。

勞動美學那種東西就留給牛吧。勞動不過就是勞動。

名爲終身職場的概念就留給烏龜吧。我們想要的是四處跳槽，提高自己的身價，體驗不同的公司和工作。

所謂的公正就留給大象吧。現實很殘酷，懂得阿諛奉承的人才能獲得主管的賞賜。

共同成長就留給食蟻獸吧。不要把公司成長硬冠上個人成長的名號。

橫向管理文化這類的謊言就留給蚱蜢吧。公司裡超過一半都是倚老賣老的人。

擴大公司內部福利的假象就留給貓吧。公司宿舍抽籤全都是造假的。保障退休年紀的甜蜜誘惑就留給犀牛吧。誰不知道超過四十歲就要有失去飯碗的心理準備。

永哲的瞌睡蟲全跑光了。如果書上寫的全是事實，那上班族還有未來嗎？

★

下午要向會長報告社團績效。

永哲是公司樂團的社長。他從小就上教會，因此學會演奏一些樂器，其中最擅長的是貝斯。

社團成立宗旨是爲了增進同事情誼，卻還要報告績效，壓力有夠大的。永哲準備好報告內容了。社團成員平均年齡四十五歲，因爲最近的新人都不喜歡參加公司社團。事實上，他們幾乎沒有團練過，大多數時候都約去喝酒、唱歌。反正重點是讓社長知道社員的士氣有多高昂。

各社團社長在大會議室坐成一排，顫抖著準備報告內容。

會長以柔和的眼神看著第一位報告者。那女生看起來很機靈，穿著黑色西裝，頭髮緊緊束起，頭上的髮飾和桌球沒兩樣。

「大家好，我是桌球社社長金世雅主任。社員主要都是女性，社團名字就叫『pink-pong』。我們選在午餐時段進行社團活動，而非週末或下班時間，以減輕大家的負擔，成員也持續增加中。」

「很好，我也喜歡桌球，改天一起打一場吧。下一個社團。」

會長打斷報告的速度比預期中快。雖然來不及說完準備好的內容，但一點也不可惜。

第二位報告者來自健身社。他完全無愧健身社社長的名號，襯衫都快撐破了。

「大家好，我是健身社社長崔得勤。我們會在上班前一起到附近的健身房運動。原本社員只有男性，但最近有愈來愈多女性加入我們的行列。我們未來還想參加業餘比賽，並以此爲目標互相激勵。」

「原來如此。社團名字是什麼？」

「類固醇。」

「有什麼涵義嗎？」

「呃……我們不是鼓吹施打類固醇，而是希望大家透過運動，變得比施打類固醇的人更健康。」

「知道了。下一個社團。」

第三位報告者是永哲。他沒什麼好報告的，只想盡快結束。

「大家好，我是樂團社長永哲科長。我們每個月團練一次。」

「樂團啊……眞有趣。團名是什麼？」

「總市值。」

他看見旁邊有些人正在強忍不笑出聲。

「你們有幾個人？」

「五個人。」

「五個人不會太少嗎？只是幾個人聚在一起玩樂，不符合社團宗旨。」

永哲的背開始出汗。會長叫來公關組長。

「公關組長，這次尾牙活動就來聽看看他們的樂團表演吧。邀請合作廠商、客戶出席。今年換個風格，不要太死板，輕鬆一點。懂我的意思吧？」

公關組長慎重地點了點頭。

從那天起，永哲和團員瘋狂練習表演歌曲。他們選擇自創曲，而不是大家熟知的歌曲，因爲這樣就聽不出是好是壞了。

★

尾牙活動上，會長頒獎給優秀員工和優秀合作廠商。光秀也站上了頒獎台。他從會長手中接過獎狀和獎品，握手合照。

頒獎期間，永哲在後台準備表演。他背著貝斯，轉動脖子與腳踝。前半場活動結束後，樂團隨即上台爲後半場揭開序幕。這是樂團一邊表演，來賓一邊喝香檳的環節。主持人對著麥克風說道：

「接下來是公司樂團的搖滾時間。讓我們歡迎……總！市！値！」

他們在電吉他的樂聲中進場。主唱拿起麥克風：

「大家好，我是總市值的主唱。我們要爲各位帶來的第一首歌曲是《撿拾藍調》。」

你以爲自己撿到了，卻因此跌個四腳朝天。
你撿到的，不會是你心裡想的那一個。
你要知道，這是爲了某人的人工呼吸。
佛祖和耶穌救得了一切，救不了的就只有這個。
你心知肚明。
你也需要緊急心肺復甦的日子快到了。
就在今天。
今天是第一天，
明天是第二天，
後天是第三天。
喔～～～喔喔。

永哲和團員在這段時期間拚命練習，終於完成了五首歌曲的表演。表演一結束，音響傳來輕快的爵士樂聲。大家拿著香檳邊走邊聊，一開始大家都不太習慣，而且每個人都在留意會長會不會走到自己身邊。幾杯黃湯下肚，大家的腦和嘴巴終於放鬆，逐漸聊開。

永哲也拿著香檳到處走動。他想起光秀也有來，決定去找他聊聊，卻發現他和會長在聊天。該不該過去呢？他沒有苦惱太久。為了在會長面前好好表現，他慢慢走向他們。

高高在上的會長和光秀之間的互動相較於垂直關係，更像是水平關係。一般人面對會長都是畢恭畢敬，稍微彎腰駝背，光秀卻是抬頭挺胸，站得筆挺。永哲頭一次看到有人在會長面前這麼自在。

我那有錢的高中同學。

永哲既驕傲又羨慕。

愈走愈近之後，永哲突然覺得自己不該加入他們。自己和他們是不同等級，加入他們，猶如兔子闖進獅子群的聚餐。這時會長認出永哲。

「永哲科長，過來喝一杯吧！」

創辦人的獨生女，五十多歲，短髮，白色襯衫配上紫色夾克，淡雅的皮鞋，平時有在鍛鍊的身材，符合年紀的皺紋，保養得宜的皮膚，以及明亮的眼眸。雖然不帶攻擊性，卻有滿滿的戰鬥力，有種難以輕鬆應付的氣場。

永哲不太清楚是會長的位階爲她打造出不容侵犯的氛圍，或者她與生俱來就有這樣的魅力。

「聽說你和光秀老闆是朋友啊？果然，有能力的人怎樣都會碰頭。哈哈哈。」

她的笑聲爽朗。

「光秀老闆，我們辦公大樓就交給你了。」

會長拍拍光秀的肩膀，轉身離開。

等會長走遠，永哲開口問光秀：

「光秀，會長說了什麼？」

「我跟她說我和你是朋友。」

「是嗎？還說了什麼？」

「她想在平昌洞蓋新房子，請我幫忙。」

「啊……又找你？」

「嗯……她還問我對藝術有沒有興趣，我不好意思說沒有，就回答有。沒想到她約我一起看畫。」

「會長？和你嗎？」

「嗯……會長應該很多朋友，怎麼會找我……」

「可能你讓她覺得自在吧。」

「嗯，可能吧。你要一起去嗎？」

永哲聽說最近流行藝術投資，如果不把握這次機會觀摩，恐怕就沒有下一次了。

他們約好一星期後到漢南洞的畫廊看畫。

有錢的高中同學眞的好厲害。

6.

成為富翁的夢想

永哲覺得自己最近變胖了，午餐改吃沙拉。獨自用餐這件事，如今已不再彆扭。用完餐後，他覺得有點空虛，所以又外帶了一杯珍珠奶茶。午餐都吃沙拉了，喝杯珍珠奶茶應該也不會長肉吧。

永哲大口吸著珍珠奶茶，沿著清溪川散步，看到一家藝廊正在做小型的個人畫展。太好了。爲了在會長面前裝出自己懂畫的樣子，他走了進去。幸好不用門票。永哲心裡想：如果還要花錢買門票，就不進來了。

他快速轉了一圈，那些畫看起來就像用刷子隨便揮一揮。這種畫我也畫得出來。

畫框下寫著金額：五千五百元。是想買就買得起的價格。

旁邊有一幅更大的畫，畫滿了花，感覺複雜許多，畫家應該花了很多功夫吧。相較於隨便畫的畫，應該買這種看起來比較費功夫的畫，比較不浪費錢。一萬八千元。這種程度的話，買來掛在客廳也可以。

不行，要是庭院裡的蛾和蜉蝣誤以爲那是眞花，都飛進來怎麼辦？我絕對不是因爲嫌貴才不買。永哲心裡有很多聲音。

繼續往裡面走，還有標價兩萬兩千元和六萬六千元的畫。

一星期過去，到了與會長相約看畫的日子。光秀和永哲比會長更早抵達。會長的勞斯萊斯駛近，車牌號碼是七八九〇。據說會長喜歡數字愈來愈大。

會長下車。她身穿白色運動服，畫著淡妝，手腕上戴著粉紅色錶帶的Apple Watch，顯然剛做完運動。永哲第一次見到會長私下的樣子。

藝廊職員爲他們打開巨大的玻璃門。柔和的照明之中，隱隱傳來舒伯特的《A小調琶音琴奏鳴曲》。這裡的作品和在清溪川畫廊看到的完全是不同層級，就連對藝術一竅不通的永哲都能一眼看出來。

職員仔細說明畫作。儘管他聽得懂對方說的每一個字，卻聽不懂是什麼意思。

他看了價格，後面有好幾個零。

個、十、百、千、萬、十萬、百萬，不會吧……千萬？

千萬！

區區一幅畫憑什麼破千萬！

他實在不能理解，一幅畫憑什麼比自己的賓士 E-Class 更貴。當他的內心受到衝擊時，會長和光秀站在另一邊交談。

「光秀老闆，辦公大樓沒什麼問題吧？」

「沒問題，會長。」

「其實，我是爲了別的事情找你出來。」

「什麼事呢？」

「我想向你道歉。」

「咦？怎麼了嗎？」

「工地所長和我是小學同學。」

光秀嚇了一跳。

「很驚訝吧？你也知道，他家境不好，而我繼承了父母的一切，處境大不相同，但我們是好朋友。說來慚愧，我們家因爲父母做盡壞事，一刻都不曾安寧。由於新聞都有報導，我也因此時常遭受同學排擠。」

會長和光秀將視線移到另一幅畫，緩緩前行。

「原來有這樣的事。」

「可是他和其他人不太一樣，願意理解我。有一天，我拿家裡的飲料和麵包給他，他卻拒絕了，說自己不是乞丐。那時候我才知道，我在不經意間有了自己過得比較好，理當要幫助他的想法。但那是錯的。不是有錢就比別人了不起，也不是沒錢就不如別人。直到那天我才明白，把錢用在錯誤的地方，可能會形成一種暴力。」

「是啊……」

「自從發生那件事以後，我們的關係變得更親近了。別人介紹我的時候，都說我是集團的會長，但他都說我是有錢的小學同學，哈哈哈。」

「不過，您爲什麼要向我道歉呢？」

「啊，組長的事我聽說了，公司人事部會好好處理的。之前蓋工廠的時候，他也有類似的要求吧？」

「是，這不是第一次。」

「造成你的困擾，眞是不好意思。」

「別這麼說，沒關係的。」

會長買下一幅她一直很有興趣的畫，那是一幅看到價格會驚嘆的作品。

走出藝廊，三人的車子並列在停車場。

「光秀老闆，你知道爲什麼我的車牌號碼是七八九○嗎？」

永哲知道答案，因爲會長喜歡數字愈來愈大。

「雖然我不是很清楚，但應該與您的哲學有關吧？」

「我父母經營這家公司，直到交給我那天爲止，總共獲得七億八千九百萬元的非法資金，這就是七八九的由來。最後的○是我追求的數字，乾淨、道德、透明。我希望自己擔任會長的這段期間，每件事都是光明磊落。這樣我才能理直氣壯地面對員工吧？」

回家的路上永哲不停思索。

會長無暇的形象不只是外貌。她本人光明磊落，才能以同樣的標準要求員工。好帥啊。我要把那個像騙子一樣的巫女大姐在我心中永久刪除，用心侍奉帥氣的會長大姐。

話說回來，總忍不住想起畫廊裡價格最便宜、標價二十六萬元的那幅畫呢。十年後，它應該會漲到兩百六十萬元吧。
回到家中，永哲和老婆共飲啤酒。
「親愛的，我有點想買一幅畫。」
「買畫？多少錢？」
「二十六萬元。聽說買下一幅好畫，可以一輩子不愁吃穿。」
老婆重重放下啤酒罐。
「你怎麼還說得出這種話！不准買，絕對不准買。拜託你什麼都不要做！」
老婆語帶憤怒，似乎要發火了。果不其然，她撥了撥頭髮，拉開嗓門：
「你炒股票賠錢，買下價格腰斬的房子，我可是一句話都沒說。結果你現在說要買畫？你瘋了嗎？你什麼都不做就是在投資了！」
她轉身回房，砰一聲關上門。

★

時間來到週一早上。永哲這個週末沒再和老婆說話，不對，是沒機會再和老婆說話。最近男同事紛紛從 Galaxy 跳槽到 iPhone，他本來也想跟著換，卻無法這麼做。

他直接前往工地。他覺得好神奇，建築物就這樣愈蓋愈高。起重機認眞地來回擺動吊臂。光秀坐在貨櫃屋裡看設計圖，永哲在簡易椅子坐下。

「我跟老婆說要買畫，結果現在連新手機都不能買了。唉。你那天有買畫嗎？」

光秀看著設計圖，簡短回道：

「我什麼都沒買，我不做危險的投資。」

「最近不是很流行藝術投資嗎？」

「藝術投資如同比特幣，不是大好……」

「就是大壞。」

「沒錯。」

「會長是打算賭一下嗎？」

「她錢多到滿出來，不能用一般人的標準看待。」

「你認爲藝術投資不值得嗎？」

光秀將目光從設計圖移到永哲身上。

「藝術價值和投資價值似乎不太一樣。當買賣雙方對『便宜』和『貴』的想法差距縮小時，即有機會成交。然而，藝術品很難判定是便宜或貴。要是差距太大，就很難成交。」

「知名畫家的作品貴，無名畫家的作品便宜。通常不是這樣嗎？」

「打個比方，音樂劇《歌劇魅影》最好的座位是一萬元，有些人覺得值回票價，有些人卻覺得根本是浪費時間和金錢。有鑒於藝術品的價值判斷標準是個人感受，買賣雙方之間的心理失衡必然遠高於其他資產。」

「藝術品不像不動產有公告現值，也不像股票有公司財報，的確可能出現這樣的問題。」

「藝術品應該從藝術的觀點衡量價值。對於缺乏鑑別眼光的人來說，藝術投資相當危險，供給也太多。光是現在這一瞬間，就有成千上萬的藝術家作品湧入市場，但優秀的公司一年可能找不到十家。不動產也是如此。」

「聽你這麼說好像有道理。但藝術投資到底爲什麼這麼夯啊？」

「資產充裕的人買盡奢侈品，於是改而收藏藝術品。至於資產不足的人，因爲買不起房子，只能跟風買藝術品，這種投機行爲完全是出於剝奪感和焦慮感。」

「那你們家那幅畫呢？那幅畫滿各種顏色、很巨大的畫。它看起來很貴啊。」

「哈哈哈，那是光賢小時候戴橡膠手套沾水彩，隨便亂畫的。」

永哲原以爲自己找到了新的投資標的，開心了好幾天，聽到光秀的否定後，意志再度變得消沉。

「我老婆叫我什麼都不要做，哈。」

光秀沒有回應。永哲說的話隨風而去。

永哲帶著尷尬的表情回到施工現場。他拿起手機拍照，但底下有些地方看不太清楚，他小心地伸出手臂，卻一時失去重心，像坐雪橇一樣滑了出去。他停在大約五公尺外的地方，身上的西裝沾滿黃色泥土。

他拍拍屁股，覺得有點涼意，冷風正從褲子破洞的地方灌入。他摸到自己柔軟的內褲。

「可惡！該死的！」

永哲氣得大罵。

工人將永哲扶起來，光秀幫他把背上的泥土拍掉。

「沒受傷吧？」

委屈和羞愧湧上永哲的心頭，他想起老婆昨天對他說的話：你什麼都不要做！

永哲把戴在頭上的安全帽扔在地上，大聲嚷嚷：

「都這把年紀了……我只是想好好表現，卻什麼事都做不好！我爲什麼會活成這副德行呢？爲什麼！到底爲什麼！」

一旁的人全都望著永哲。光秀摟著永哲的肩膀，兩人離開工地。

★

他們來到附近的便利商店，在座位區坐下。光秀買了玉米鬚茶，遞給永哲。永哲對自己沒事亂發神經感到抱歉又難爲情。光秀看著情緒逐漸平復下來的永哲，輕聲說：

「好一點了嗎？」

「嗯。抱歉，我剛才失控了。」

永哲打開玉米鬚茶的瓶蓋，咕嚕嚕喝了起來。

「我也不曉得自己怎麼會這樣。我連我爲什麼活著都不知道了。」

「永哲，我們慢慢來，好好想清楚吧。」

「我什麼都不想做。我只想找個安安靜靜的地方，什麼都不做。我已經四十歲了，應該要做出一點成績才對，就和你一樣。你……和我是不同等級，我們活在不同的世界。」

「我們在同一個地方工作、吃飯，有什麼不一樣？」

「你是大老闆，我只是個小職員啊。」

「我們沒有不一樣，不一樣的只是工作。我要是收不到工程款，或者出了什麼差錯，可是會在一夕之間破產，還要背負數千萬、甚至上億元的債務。每件事都有好壞，你不是也知道嗎？」

永哲鬆了口氣，或許是嫉妒心消退了一點。

永哲一心想著光秀的豪宅，忘了他夏天要在如同汗蒸幕的地方、冬天在如同冰庫的地方工作，不像自己可以坐在辦公室，夏天吹著涼涼的冷氣，冬天吹著暖呼呼的暖氣。這些他明明都知道的。

永哲開口說：

「我一直滿足於自己的工作和薪水，如今回想起來，是那股滿足使我不進反退。」

「你眞的滿足嗎？」

光秀見他言行不一，聲稱滿足現狀，卻又倉促投資股票和不動產，於是再次向他確認。

永哲望著遠去的雲朵，悠哉飄揚。他羨慕光秀的豪宅，更羨慕他內心的從容。

「不，與其說是滿足，更像是我覺得『這樣已經夠了吧』。可是，當我突然遇到有錢的高中同學，心情好像受到了影響。」

光秀明白他指的是自己。

「光秀，我現在做些什麼……還來得及吧？」

光秀笑著對他說：

「這個年紀再好不過。」

「總感覺我跟不上時代了。」

「縱使賺錢的知識改變了，賺錢的智慧也不會改變。沒問題的。」

「你當然沒問題，但我有好多問題。」

「你得先做一件事，那就是相信自己到目前爲止過得很好，不要因爲沒有資產就陷入自我厭惡。」

「……我不確定自己能不能做到。」

剛剛還一副想要改變的樣子，現在卻又說出這麼沒自信的話，永哲瞬間覺得丟臉。他喝了一口玉米鬚茶，重新發問：

「我應該從何做起？」

光秀露出淺淺的微笑，向他說明：

「區分該做的事和想做的事，以及當下想要的東西和眞正想要的東西。」

「不是區分什麼時候該買什麼、什麼時候該賣什麼嗎？」

「人往往在種子尙未生根時，就盼望它長出枝條、結成果實。」

光秀小心發言，盡量不說傷感情的話。

「每個人都渴望獲得財富，甚至早就知道致富的方法。」

「方法？什麼方法？」

「多賺一點，少花一點，不要弄不見。」

「就這樣？不會太簡單嗎？」

「是啊。這些方法太簡單，以至於很多人都忽略了它們，到處問別人有什麼特殊的方法或建議。」

永哲想起自己一有空就和同事討論哪支股票好。他繼續提問：

「那你從何做起？」

「我放棄當下的穩定舒適。我拋棄自尊，減少開銷，區分資產和負債，面對每次襲向我的人生風浪。」

「光聽就覺得辛苦……」

光秀放下手中的玉米鬚茶。

「被困在無人島的時候，別人每晚升火圍坐，互相安慰鼓勵，只有我獨自綑綁樹枝，努力想完成一艘木筏。他們說救援隊會來，沒必要做這種事。但是我沒有停手。完成竹筏後，我問其他人要不要一起離開，可是他們覺得危險，沒有人跟上來。我搭上竹筏，一心一意向前划，直到看見遠方的帆船。我因此發現了更簡單、更快速的前進方式。我用身上的衣服和被子做成帆。儘管很冷，但我願意忍受，因爲可以前進得更快。最後我比預期更快抵達目的地。」

「無人島代表什麼？職場嗎？」

「不，是當下的自己。」

「那木筏呢……你的車？」

「起始資金、知識、智慧。」

「帆呢？」

「資產。」

「目的地？」

「自由。」

「嗯……」

永哲愣愣地抓住玉米鬚茶保特瓶底部，逆時針轉著瓶身。

光秀繼續說：

「大部分的人都會被欲望牽著鼻子走。不過，要是走過致富之路，就會懂得如何減少欲望。」

「但我們活在這世界上，還是必須做自己想做的事，吃自己想吃的東西吧。」

「起初養成習慣的是自己，但時間久了，習慣會反過來造就我。起初追著錢跑的是自己，但時間久了，錢會反過來跟著我。」

光秀突然覺得自己像在說教，於是拐了一個彎說：

「所謂的財富，或許是不斷重複正確習慣的果實。」

聽完這段話，永哲不禁納悶：有必要為了致富做到這種程度嗎？

「我一定要成為富人嗎？」

「那要看你自己內心深處的想法。是不是能成為富人，其實並不重要。」

「我希望自己可以做好每件事。不管是股票、不動產，還是工作。」

「你可以的。」

「我要怎麼做？」

「股票和不動產並非產品或服務，而是資產。也就是說，你不會不斷重複買賣的動作。你要做的就是買進好標的，將它們聚集起來，長期持有。但你必須留意那個老是在耐心背後打轉，名爲焦慮的反派。」

「我明白你的意思了。可是，我從一開始就沒有買到好標的。或者應該說，我不知道怎麼買好標的，因爲我根本不懂。」

「起始資金不足，選擇空間有限，自然會增加風險。同理可證，知識和智慧不足，也會影響我們做出最佳選擇。必須兼具充裕的起始資金，以及長久累積的知識和智慧，才能做出明智的最佳選擇。因此，你必須等待時機成熟。說到底，這和大自然的運行一樣，它的改變眼睛是看不見的，著急也沒用。」

「我很好奇，我如果拿時間不夠當藉口，你又會怎麼說。」

「上次會長邀請我參加尾牙時，我見到了崔得勤部長。他的下巴稜角分明，胸肌快要撐爆襯衫的樣子，令人印象深刻。他跟我說，他常常找時間運動。」

「他身材本來就很好。」

永哲好想收回剛說出口的話，可惜現實中沒辦法按下「Ctrl + Z」。看到永哲的表情，光秀點了點頭，似乎在對他說：你會這麼想也是情有可原。

「就像我剛才說的欲望一樣。雖然人們總是被時間追著跑，但只要學會如何搭上這艘永遠不會停下的時間船，就能盡情使用它了。」

「搭上時間船嗎……也太難了。」

「花錢又浪費時間的人，絕對擺脫不了金錢的束縛。原因在於，時間等同金錢，這樣等於花了兩次錢。一直花錢的話，當然不會有錢。到頭來，你必須做更多的工作來賺錢，自然擺脫不了金錢的束縛。」

「我討厭上班，也討厭上班的每一刻。因此我回到家後，什麼都不想做，只想躺平。這是我的問題嗎？」

「在我看來，所有的問題都是出於『自己』。」

「唉……錯的又是我嗎？公司的事眞的很枯燥又讓人心煩啊。」

「把工作貼上『心煩』標籤的不就是自己嗎？但說不定那只是假想，是我們把自己困在假想的框架中，以信念和成見限制了自己。」

「照你這麼說，是我自己將客觀上值得去做的事，想成枯燥又讓人心煩的事囉？」

「嗯，確實有可能。」

「啊……我還是不能理解。討厭的組長、傲慢的後輩、對我完全沒幫助的雜事，都只是我自己假想的嗎……難道你都不會因爲工作而感受到壓力嗎？」

「工作確實會讓我感受到壓力，但我不會讓它影響我的自我、人生、存在價値等內在空間。我唯一要做的，就是解決讓我感受到壓力的那個課題。」

「要怎麼做？」

「擁有觀照的態度、觀照的視線、觀照的生活。」

「觀照是什麼意思？」

「你上網查一下就知道。」

永哲在手機上輸入「觀照」，查看辭典釋義。

觀照：靜心觀察、省思事物或現象。

「工作令人心煩又疲憊是理所當然的，但最好別讓那個想法影響你追求想要的人生。尤其你想成爲富人的話。致富之路可能比一成不變的職場生活更難熬，但你必須將它視爲必經的過程和課題，明白那點辛苦和我們的夢想比起來根本不算什麼。因此，最好不要將工作的壓力和生活的痛苦聯想在一起。」

「好難啊。我竟然要爲了賺錢，改變自己的觀念和意識……錢究竟是什麼？錢不是要拿來用才有價値嗎？爲什麼有些人可以一直賺錢，有些人卻不行？總覺得不是會做生意或懂投資就能賺錢。」

「想成爲富人，想法、心、行動要一致才行。許多人空有想法，心卻不這麼想，也毫無行動。另一種人是即便心不想，但一有想法就採取行動。雖然有作爲，卻無法維持太久。不過做久了，心也有可能從不想變成想。」

「最好是想法、心、行動都一致，對吧？」

「沒錯，如果它們站在同一陣線，力量就會變得強大。這樣的協同效應可以帶來加乘效果，讓一加一不只是等於二，更能大於二。但如果想法、心、行動其中一項朝著不同方向，便很難成爲富人。即使眞的做到了，也難以長久。」

「我是眞心想成爲富人，也採取行動，買了股票和不動產，可是爲什麼我的結果會是這樣呢？」

「因爲那時候你的心並不想。」

「我想啊。」

「不，你無心深入研究股票和不動產，只想便宜行事。」

「我也知道這世界上沒有一蹴可幾的事，不努力就不會成功，但就是下不了決心。」

「嗯，很多人以爲想法、心、行動都是出於個人意志，卻沒有意識到自己其實受到外在因素的影響。」

「難道我們的意志是被動的嗎？」

「你的問題在於，你只想解決別人丟給你的任務，而非自己去尋找。可是，因外在刺激而來的被動意志難以持久，你必須找到屬於自己的內在意志，好好發揮出來。」

「但我身邊的人、主管、後輩都和我一樣，每天忙著做別人交代的事情，有空時才能尋找所謂的小確幸。你說的發揮內在意志，似乎太理想化了。」

「我們的幸福指數在工作、解決問題的過程中都是負數，直到完成工作才歸零。換句話說，幸福指數持續在負數和零之間徘徊，不曾是正數。因此，我們不斷在生活中說服自己『這樣已經夠了吧』，把安於現況當成幸福，實際上根本不幸福，也不滿足。」

「大家似乎都是這麼過日子的，怎麼會這樣呢？」

「因爲每個人都以不安包裹眞心，讓自己的行爲看起來合理。你必須鼓起勇氣撕去層層包裹，確認自己眞實的樣貌。」

「確認自己眞實的樣貌……我從來沒試過，也不知道該怎麼做。」

「你做過心理檢測嗎？還記得量表上的問題嗎？我們平常很少會被問到『是否花費相當的空閒時間探索各種興趣與嗜好』這類問題，我們也不會這麼問自己吧。你可以試著拋出各種關於自己的問題問自己，不過，答案可能會隨你的心情或處境而改變。」

「爲什麼會改變？」

「畢竟你是第一次對自己發問。無論是誰，第一次總是特別難。」

「要在一事無成的自己身上尋找答案，眞的太難了。」

「有自信就行了。」

「我一事無成，自信從何而來？」

「你想成功、想成爲富人、過自己想要的人生，就要有自信。當事情進展不順利時，與其貶低自己或責怪別人，不妨告訴自己人生難免挫折，以正向的角度思考，繼續前進。」

「單單繼續前進就令人喘不過氣了。」

永哲仔細咀嚼光秀的忠告，一陣沉默後，問道：

「假如我做到這些，就可以成爲富人嗎？」

「我不能保證。」

「不能保證致富，卻要放棄這麼多東西……」

「放棄很難，成功也很難，所以要堅持去做才行。」

「如果還是不行呢？」

「那就要檢視自己是否養成正確習慣、有效運用時間。無論結果好壞，都要定期檢視自己。永哲啊，都還沒開始，就懷疑自己做不到的話，那就眞的什麼都做不到了。希望你相信，堅持愈久，可能性和效率就愈高。」

兩人一口氣喝光剩下來的玉米鬚茶，站了起來。光秀的 Grandeur 停在永哲的賓士後面。

「你的房子好幾千萬，買輛保時捷應該沒問題吧？」

「保時捷大概四百萬元嗎？」

「差不多。」

「最近爲了提升員工的便利性和工作效率，我花了四百萬元裝修辦公室。我預期在不久的將來，這四百萬元可以爲我帶來至少四千萬元的價值。」

這天，Grandeur 看起來比賓士更耀眼。

★

十年後，光賢和永賢成了大學生，兩人碰巧讀同一所大學。

光秀決定讓光賢獨立，只幫他付套房保證金和第一個月的房租。光賢在獨立的喜悅中高喊萬歲，卻沒有想到面臨的生活與房租壓力。永賢也想學光賢獨立，但是沒有錢這麼做，便提議同住。雖然套房空間不大，但兩人對分的話，一個月房租只要四千元，光賢便爽快地答應了他。

兩人一邊上課，一邊打工。這是他們第一次靠自己賺錢，儘管辛苦，卻又覺得神奇。而最大的好處是，他們不用再看父母臉色，想花錢就花錢。

生平第一次靠自己賺錢的光賢和永賢，各自買睡衣送給父母。然而，他們賺的明明比花的多，帳戶餘額卻絲毫沒有增長。他們很納悶。

光賢打電話給光秀，並開啓擴音模式，讓永賢也聽得到。

「爸，我們賺了錢，可是卻存不了錢。」

「消費習慣會決定你們的未來。」

「你是叫我們省錢嗎？」

「不單純是省錢。在花錢之前，你們得先做一件事。」

「嗯……再多想想嗎？」

「不，賺更多錢。」

「我知道啊，我們有在賺錢。」

「假如你這個月有想買的東西，就要賺得比上個月多。情緒性消費只會讓人覺得空虛。成爲富人的想法固然感性，但成爲富人的過程必須理性。」

「所以我們得改變消費觀念才行。」

「沒錯，別人花錢的時候，你們就存錢吧。儘管花錢的人現在看起來很自由，但不用過多久，擁有自由的，是那些把錢存下來的人。你們要有這樣的概念才行。」

「可是，看到同學出去玩，我會很羨慕。」

「花錢的速度愈快，變窮的速度就愈快。花錢固然令人開心，但帳戶餘額會變少，讓你感受到痛苦。相反的，賺錢雖然令人痛苦，但帳戶餘額會變多，讓你感受到幸福與成就感。你走的是致貧之路或致富之路，過程與結果都大不相同。」

兩人刪光放進線上商城購物車裡的所有商品。

此時，永賢的電話響了，來電顯示是「媽媽」。

「喂，媽。」

「永賢！你爸住院了！」

7. 永賢和光賢的挑戰

光賢和永賢退伍後，在即將畢業之際申請休學。他們就讀大學至今五年，想用之前打工和當兵存下來的錢做生意看看。

光賢古靈精怪，永賢做事穩重，他們討論之後，決定嘗試「露營」這個領域。他們的計畫是引進韓國沒有的品牌，在線上銷售。他們聯絡該品牌總公司，卻沒有得到任何回應，於是，他們決定直接跨境購買。他們以消費者的價格購入，加上郵寄費用和關稅，定價勢必不能太低，但他們認爲這個品牌尚未進軍韓國，肯定會有人爲它的稀有價值買單。

他們在部落格、ＩＧ上宣傳，並連結到網路商店，但一個月下來，完全沒有人下單。部落格人氣不夠，ＩＧ粉絲也不多，曝光率自然不好，但要是花錢投放廣告，又會帶來經濟上的負擔。他們開始不確定到底能不能賣掉這麼貴的露營裝備。

光賢和永賢躺在草皮上，仰望著天空。

「光賢，我們也和那些雲一樣，漫無目的地飄蕩嗎？」

「雲變得沉重時，至少還會下一場大雨。我們頂多就是沒有方向盤的汽車吧……」

「也是。我們是不是把露營想得太簡單了?看見露營的人愈來愈多,這個市場愈來愈大,就貿然闖了進來。」

「回想起來,我以前在便利商店打工的時候,老闆總是面無表情,跟紋眉的蒙娜麗莎沒什麼兩樣。我當時以爲那是因爲他每天都吃報廢便當,腸道出現問題,現在終於明白是怎麼一回事了。哈哈哈。」

「你還笑得出來?現在這些東西怎麼辦?又不能丟掉。」

「我不知道啦,頭好痛,感覺就像有人在我頭上注射消脂針一樣。我再打電話問問我爸。」

★

光賢和永賢抵達和光秀約定的地點。那是一家餐廳,整棟建築物都屬於店家,乍看之下像一間大型科技公司,兩部電梯擠滿了上下樓的客人。店裡只有兩種餐點可以選擇:豬肉高塔蓋飯和炸雞城堡蓋飯。

餐點送來了。鋪在白飯上的辣炒豬肉和原味炸雞分量驚人。

「這裡怎麼有辦法在兼顧分量和品質的同時，維持這種價格呢？」
「就是說啊，這樣能賺錢嗎？」
光賢和永賢竊竊私語。
光秀笑著說：
「這棟房子是餐廳老闆的。」
「是喔？難怪……」
「這棟房子是我前公司蓋的，我那時候是工地所長。我常常和餐廳老闆聊天，從他身上學到很多做生意和致富的訣竅。」
「叔叔跟別人學？」
「嗯，當時的我，無論是心理或物質條件都不充裕，完全不知道該怎麼做。」
此時，餐廳老闆走向他們，坐到空位上。他年紀看起來比光秀大。
「哎呀，光秀老闆好久不見了。」
光賢向餐廳老闆提問：
「老闆，我想請教一件事。這裡的菜單滿特別的，只有辣炒豬肉和原味炸雞這兩種。」

「我只賣大家喜歡的料理。一般店家生意不好時，都會推出新菜色，但那和做生意的本質背道而馳。專心做自己最拿手的、自己和客人都喜歡的、永遠不變的東西，才是做生意的核心原則。」

「可是其他地方也吃得到類似的餐點，大家爲什麼會來這裡？我看外面都大排長龍呢。」

「最近的餐廳不都爲了讓大家拍出好看的照片，把食物擺得漂漂亮亮的嗎？但他們有個問題，那就是分量太少了。我的想法很單純，煮得好吃一點，給得豐盛一點。你們或許會認爲成功的背後有什麼多偉大、多了不起的祕訣，但其實只差在這種很基本的事情罷了。」

「您剛開店的時候，附近應該也有其他餐廳賣類似的餐點，您是如何擊敗他們的？」

「我從來沒想要和他們競爭。我眞正的競爭對手不是其他餐廳，而是客人的滿意度。哎呀，忘了放音樂了。我先走啦。年輕的朋友們，還有光秀老闆，好好享用啊。」

音響傳來德布西的《月光》。

光賢靜靜聆聽。

「眞特別，老闆居然放古典樂。如果放令人興奮的歌曲，翻桌率應該會更高吧。」

他們開始品嘗蓋飯。

光賢吃了一口辣炒豬肉。

「嗯……也太美味了吧。」

永賢吃了一口炸雞。

「嗯……是來自天堂的味道。」

光秀笑著問：

「現在知道這裡生意好的原因了吧。」

三人把碗裡的飯菜吃得精光，肚子都要撐破了。

「不過，你們爲什麼找我啊？」

光賢和永賢面面相覷，最後由光賢開口向光秀說明發生的事情。光秀聽完以後，對他們說：

「許多人剛開始做生意的時候，都會先思考『怎麼做才會大賣』或『怎麼做才會賺錢』。這樣想沒有錯，但順序錯了。」

「那要先做什麼才對？」

「你們得先思考『我能給客人什麼』。總是要先給予對方某樣東西，對方才會回報我們價值相當的東西。」

「是要送禮嗎……還是要請他們吃飯？」

「你們給予的必須超乎期待。我經常想，在我的能力範圍之內，我能給客人什麼。假如要做到讓客人感動，認爲錢花得很值得，關鍵在於我究竟可以給予什麼。然而，人們老是比較『成本』和『回報』，不願意吃虧。做生意的原則其實很簡單，只要提供的價值讓客人覺得錢花得值得就行了。」

光秀喝光杯子裡的水，思考了片刻，然後問：

「你們賣掉露營裝備，賺到錢以後，想要做什麼？」

「只要賺錢都好啊。想買什麼就買什麼，想吃什麼就吃什麼，也沒有特別想要做的事。」

「認眞想想看，不用急著回答。」

「爸，我們現在一樣產品都賣不出去，根本不是煩惱下一步的時候。」

光賢噘起嘴。

「那我不問下一步，來問上一步。露營相關的生意那麼多，你們爲什麼選擇賣露營裝備？」

「我們想過經營露營區，但必須有土地，還要整天在現場管理，似乎不太適合我們。另一個想法則是當露營 YouTuber，不過需要花很多時間拍攝和剪輯，也不確定會不會有收益。研究到最後，我們認爲其中最值得一試的，就是賣露營裝備了。」

「『十拿九穩』也不一定會成功了，『值得一試』還不夠吧。」

「那也不一定啊。」

「假如你們認爲這條路最容易，馬上就能夠獲利，別人很可能也有同樣的看法。我猜測，賣露營裝備的網路商店應該有幾萬家。」

「是啊，眞的很多，連實體店面也有擴張的趨勢。」

「既然這樣，你們爲什麼加入這個市場？」

「我們的產品是新品牌。」

「人們普遍喜歡經過驗證的產品。相較於既有產品，說服客人購買新品牌需要花費更多的努力和資本，你們做好覺悟了嗎？」

「爸，我們不是來聽你嘮叨的，你就不能告訴我們該如何突破現在的困境嗎？」

光賢的嘴噘得更高了。

「你們光想著賣露營裝備賺錢，完全不考慮未來，跟蓋大樓的時候只蓋一樓有什麼差別？」

「要蓋二樓，也得先蓋一樓吧。我們連一樓都蓋不好了……」

「你知道爲什麼嗎？因爲你們地基沒打好。」

「地基嗎？」

「儘管有了設計圖，也要挖完地基、建好骨架，才能具體知道房子要怎麼蓋。有時候，可能需要變更整個設計，也說不定只需要稍微改動，或者維持原議。」

光秀在杯子裡倒入水。

「我認識的人大多對露營沒有好印象。蚊蟲多、睡不好，抑或出門玩只想外食，不想自炊，這都是可以理解的。老實說，我以前也喜歡露營，但準備裝備和事後整理實在太辛苦，所以後來更喜歡住飯店或渡假村。」

「所以折衷方案就是豪華露營啊。看似帳篷，裡面卻和飯店一樣整潔，設備應有盡有，相當方便。爸，你不知道豪華露營是什麼吧？看你的樣子，就知道你沒聽過。」

「儘管如此，它還是不如飯店方便，也享受不到游泳池、健身房、自助早餐吧等設施。我想說的是，你們有沒有辦法拓展客群，不局限於露營族，賣些不喜歡露營的人也會想要的東西呢？」

「我們也不是沒想過……」

「冬天有人露營嗎？」

「當然，冬天升火烤地瓜，多浪漫啊。」

「人數和夏天相比呢？」

「這個嘛……」

「多問幾個露營區應該就知道了。如同賣滑雪板的商家會在淡季販賣滑板，以維持基本的營業額，你們最好也找一些替代產品。」

「冬天舉辦『堆奇怪雪人比賽』，如何？果然行不通吧。」

「愈簡單的事，競爭對手愈多。競爭對手愈多，利潤愈容易打折。如果淪爲價格戰，不僅事業無法長久，也不是好的商業模式。你們喜歡露營的話，不妨一邊露營，一邊想想露營有什麼不方便或容易引起不滿、需要改善的地方吧。」

光賢和永賢面面相覷，懊惱著當初的草率。

「爸，那我們該怎麼處理庫存？」

「你們自己看著辦。我支持你們的決定，失敗也沒關係。」

「爸，你在說什麼啊。我們之前打工存下來的錢幾乎都花在這上面了，怎麼能失敗。」

光賢的嘴噘成好像再也回不去的樣子。

「沒有跌倒過，如何知道站起來的方法？人們老是煩惱怎麼賺錢，從來不煩惱怎麼不賺錢。」

「那是正常的吧。誰會煩惱怎麼不賺錢？」

「經歷過失敗和挫折，才會知道如何邁向成功。這世界上，沒有人永遠走在康莊大道。要是這次的嘗試失敗了，肯定不是你們做得不夠好，一切不過是邁向成功的過程而已。絕對、絕對不要想著一步登天。這點連我也不例外。」

「叔叔也是嗎？您一向都很從容的樣子啊。」

「我要是把工作壓力帶回家，恐怕光賢現在也不會想要創業了。哈哈哈。我也是經歷了很多曲折啊。我沒辦法教你們怎麼做，因為我也不確定答案是什麼，但我可以協助你們找出答案。」

光賢和永賢的表情不太好。

光秀看著兩個年輕人，內心很欣慰。

「其他人做得好，是因為有人投資。可是我們……」

永賢低聲自言自語。

「你們認為投資是什麼？」

「投資新創公司，等它價值上漲。或是投資不動產、股票、基金……」

「嗯。怎樣的人會做這些投資呢？」

「有錢人吧。」

「想想他們的錢從哪裡來的吧。不要只想著得到別人的投資，反過來以投資人的角度思考看看。」

「我們的錢全部投資在露營裝備上，一毛錢都不剩了。」

「眞正的投資，是投資時間在自己身上。剛才說的股票、不動產，它們有漲有跌，如果投資不當，可是會損失一大筆錢。然而，投資自己，絕對不會有損失。」

「投資自己嗎？」

「嗯，投資時間在自己身上，比如運動、學習、思考，讓自己不斷成長。你們覺得這聽起來太虛幻嗎？」

「不是啦，我們只是想知道具體方法，像是明天該以怎樣的價位買進什麼，又要在怎樣的價位賣掉它。最近常常聽到要喜歡自己、相信自己、了解自己這類說法，但這些話有時候聽起來像詭辯，彷彿是要我找出躲在心裡的蘇格拉底。」

「我可以理解。我在你們這個年紀的時候，只顧著向前奔跑，根本無暇顧及周遭，背後就更不用說了。你們沒想過這些，很可能是因爲尚未跨出第一步。儘管如此，投資自己依然重要。」

「叔叔您在我們這個年紀時，爲自己做了哪些投資呢？」

「我努力學習建築現場的一切，譬如開怪手，以及拆除、焊接、切割、裝潢等技術，以便自己隨時隨地派得上用場。即便當時是因爲老闆交派那些工作給我才不得不做，但也有很多人撐不下去就離職了，因此我很驕傲自己堅持到最後。那段時間的堅持，造就了現在的我。」

永賢像模範生一樣持續丟出問題：

「那我們該做怎樣的投資呢？」

「在此之前，必須先了解自己現在的樣子。因爲無論出自於個人意志或他人的意思，你們現在的樣子，正是從小到大投資時間與努力的成果。」

「但從小到大，無論讀書、考試、上大學，我都在做別人要求的事情。」

「的確，你肯定會認爲自己一直別無選擇，只能按照別人的要求去做。但其實，不管小學或中學，你們都有充分的機會和時間做出選擇。」

「亂講，我都在做學校交代的事情，根本沒機會思考自己要什麼。每天坐在教室裡抓著鉛筆，怎麼可能有其他的想法？」

「你們不就投資了讀書這件事，現在才站在這裡嗎？我不是在評論你們做得好或不好，也沒有要談這件事的好壞。現在的你們不必繼續抓著鉛筆，也不再被困在學校裡。換言之，往後的一切選擇和責任都在你們自己手上。你們剛才已經花了一點時間思考關於自己的事，有發現嗎？」

「有。可是過去終究是過去，我還是不知道未來該怎麼活下去。我甚至在想，按照別人的要求去做，就不用想那麼多，說不定那樣更輕鬆自在。」

「你們還記得大考結束之後，想要快點進大學，開始喝酒、談戀愛、賺錢的悸動心情嗎？」

「當然記得。」

「太多的束縛或自由，都會讓人不自在。覺得失去方向，是因爲你們現在是自由的。想要掌控這樣的自由，必須先了解自己。」

「身在資本主義社會，要是無法在競爭中生存下來，就會被淘汰。在這樣的環境下，似乎沒有眞正的自由。我覺得自己像是一條掉進急流的小魚。」

「成爲富人比考上首爾大學更簡單。順帶一提，我讀的大學不在首爾。」

「爸，那有什麼好驕傲的？」

「儘管如此，我的員工都是首爾大學畢業的啊。」

「咦？真的嗎？成爲富人真的比考上首爾大學更簡單嗎？」

「首爾大學名額有限，國內外的高材生都是競爭對手。然而，成爲富人不需要與人競爭。」

「成爲富人不需要與人競爭……對耶，因爲沒有名額限制。」

「很多人以爲富人之所以富有，是因爲他們搶走窮人的錢，其實不然。因爲金錢並沒有數量限制。」

「這麼說來，窮人也可能成爲富人囉？」

「當然。身在資本主義社會，你們要做的不是互相競爭，而是好好運用現在的自由。對我們每個人來說，沒有所謂的限制，只有一事無成的人才會自我設限。」

「雖然有點害怕……但我會抱持希望的。」

「嗯，儘管恐懼與希望共存，但恐懼終究容不下希望。」

「我明白了。可是，我覺得自己還被埋沒在某個地方。」

「聽好了，有這種感覺是很正常的。不過，你們不是被埋沒，而是爲了成長，被種在某個地方。」

光秀露出充滿希望的表情。

永賢似乎還有不懂的地方。

「叔叔，您認爲『富人』是怎樣的人呢？」

「有人認爲，唯有放棄追求財富，才能體會一些文章所說的知足常樂、幸福人生。也有人認爲，渴望更多財富的人，是貪婪和欲望的綜合體。」

「還有一派認爲富人就是壞人。」

「可是，就連五歲小孩收到兩百元的壓歲錢，也會比收到二十元的壓歲錢開心。難道他們也是貪婪與欲望的產物嗎？不是。渴望更多財富的想法無異於食欲、睡欲，都是基本需求。想要賺更多錢，不過是想要證明自己的能力。這是健康的欲望，也是值得一試的事。」

「那『貪心的人』又是怎樣的人呢？」

「喜歡免費的人、從別人口袋偷東西的人、什麼都不做就想收獲的人，他們才是貪心的人。今天開的花，是昨天種下的種子；明天開的花，是今天種下的種子。沒有播種就期待花開的人，必須見見姜亨旭。」

「姜亨旭？他不是馴犬師嗎？」

「連狗都知道要先吃東西再拉屎。」

「也、也是。」

「透過供需關係，讓消費者獲得想要的東西，生產者獲得金錢報酬。想要賺更多錢，便要創造這樣的雙贏。社會變得更便利、有更多的發展，也是拜此所賜。以正常的手段致富，在道德與法律層面都不成問題。」

「這樣說來，富人就是……有錢人囉？」

「沒錯。縱使人們說心靈富有才是眞正的富有，但沒有錢的話，心靈也不會富有。」

「那要擁有多少財富，才算富有呢？」

「首先，資產必須足以讓別人認同你是富人，而且花得再多，也沒有賺得多。」

「那叔叔您是富人嗎？」

「從你們的角度來看，我像是富人嗎？」

「是啊。您住豪宅，每年都能接下好幾個工程，每個都是幾千萬、甚至上億元。」

光秀停頓了一下，看看永賢，又看看光賢，才繼續說下去：

「我曾經以爲，成爲富人一定會很開心。可是，等我眞的賺了很多錢，卻沒有想像中開心。彷彿我本來就是有錢人一樣，一切都沒什麼不同，很奇怪吧。我想過，是不是賺得不夠多才會這樣。不過，那並不是原因。」

「那究竟是爲什麼呢？」

「別人說我是富人，我也認爲自己的資產變多了，但我其實並沒有改變。當時的我，無論行爲、說話、態度、習慣、消費、收入，都和以前大同小異。眞正讓我感受到快樂與改變的，反倒是我嘗試做些什麼的時候。世人太過追求結果，而忽視過程。然而，致富的過程其實和跑步差不多，『依照預期在某段時間內跑完某段距離』的結果並不重要，重要的是跑步的過程，不僅可以呼吸新鮮空氣，也可以鍛鍊體力。」

永賢和光賢沉默不語。

光秀對他們說：

「你們不要把目標放在『賺一百億元』，改放在『成爲賺一百億元的人』吧。」

他上下打量兩人。

「聽說外表邋遢會嚇跑運氣。下星期碰面時，打扮得體面點吧。有趣的事情在等著你們。」

★

一週後，光賢和永賢來到位於江南的ZARA。兩人東看西看，都沒有看得上眼的衣服，於是走出賣場。

他們轉移陣地到江南新世界百貨，觀望了一下，走進Solid Homme。針織衫一萬多元，大衣三萬多元。經過一番掙扎，他們買了相對便宜的六千六百元的襯衫。

他們提著購物袋前往光秀的辦公室。

「叔叔說外表很重要，所以我們買了散發高級感的襯衫。我的是白色。」

「我的是天藍色。」

光秀嘆了一口氣。

「我的意思不是叫你們穿昂貴一點，是叫你們穿整齊一點。假如肩膀上都是頭皮屑，或者鬍子沒刮、頭髮一團亂，一副無精打采的樣子，或者在重要會議穿著不合時宜的閃亮西裝，衣服再貴也沒用。」

「爸，就算是這樣，我們還是要穿得亮麗一點，才不會被人瞧不起，也才交得到女朋友啊……哼，咳咳。」

「有的人即便一身名牌也顯得沒品味，你們知道他們的特點是什麼嗎？」

「鮪魚肚、手上腳上都是刺青、眼神凶惡、姿勢不端正……」

「建築物的臉取決於外牆建材的選用。有些人認為選擇昂貴的建材準沒錯，也有些人認為華麗的外觀可以提升建築物的價值。但事實上，簡潔的風格才是最好的外觀設計。」

「簡潔的風格，不就像沒加調味包的泡麵嗎？現在社會很講求展現自己的個性。」

「可可．香奈兒說過，過度打扮的女性不可能優雅。同理，我認為真正的個性要看內部裝潢，而非華麗外觀。」

「內部裝潢嗎？」

「對。也就是說，內心才是源頭。再好看的人，不會唱歌就當不了歌手，不會演戲就當不了演員，真正的個性是發自內心。在進入一棟建築物之前，我們看外觀的時間頂多十五秒，但我們在裡面用餐、開會、工作的時間少則一小時，多則長達十小時。幾年前，替某家公司蓋工廠時，客戶強烈要求減少廁所的數量，我們就按照他的要求施工了。後來，那家公司不到三年就倒閉。他們員工人數多，廁所卻不多，引發諸多不滿。老闆明知廁所不夠用，還堅持自己沒有錯，最後員工紛紛離職。光是廁所不夠用，便足以讓一家公司倒閉，實在讓人料想不到。」

「廁所的確滿重要的。內急的時候，如果還要排隊，真的超級痛苦。我完全能夠理解他們的心情。」

「我們每天打掃家裡和辦公室，但一年只打掃一次建築物外圍，這也說明了我們比較重視哪個部分。」

「我明白了。比起外在，內在更重要。不過，您上星期說有趣的事情在等著我們，是什麼事情啊？」

光秀每年都會去看展覽。無論辦在哪個國家或地點，只要他有興趣就會去看看。今年國際建材展辦在德國的漢諾威，同一時間，還有世界露營用品展。他一得知這件事，立刻決定要帶他們兩個參加。他做決定從不拖拖拉拉。

「你們要去德國嗎？有世界露營用品展。」

「當然要去！」

「我會幫你們買機票，你們準備好護照。」

「是！謝謝您！」

「另外，你們去印名片。前面寫英文名字、公司名字和聯絡方式，後面放你們的照片，要有笑容的那種。去德國穿的衣服就照我剛才說的，看起來整齊的。」

永賢和光賢將衣服拿去退貨，隨即去印製名片。

8. 去德國的日子

光秀站在仁川機場的漢莎航空公司報到櫃台前。不久，兩個年輕人穿著連帽衫、戴著墨鏡現身。光秀看著他們興奮跑來，不禁噗哧一笑。他喃喃說道：

「是啊，盡情享受當下吧。」

「我坐商務艙，你們的是經濟艙。」

「沒問題，實在太謝謝您了。我好興奮喔。」

「等等看一下商務艙和經濟艙的差別吧。」

完成報到後，三人走向登機門。

「前往法蘭克福的旅客，漢莎航空ＬＨ〇一五九航班現在開始辦理登機手續。」

地勤人員開始廣播。

「我先登機囉。」

光秀沒有排隊，直接上了飛機。光賢和永賢排在長長的隊伍裡，但他們還是開心得不得了。永賢想起以前在樂天世界第一次見到光秀父子，他們穿過排隊的隊伍，直接搭乘遊樂設施的背影。無論是當時或現在，光秀的背影同樣理直氣壯。

光賢和永賢選擇靠走道的座位，他們旁邊坐的都是身型壯碩的德國男性，狹窄的座位因此變得更加狹窄。他們感覺自己隨時會被擠到走道上。

時間流逝，令人窒息的十三小時航程總算結束。由於身體長時間偏向一側，他們的脖子和背部痠痛不已，一直無法伸直的膝蓋也隱隱刺痛。

入境手續等了將近一小時才完成，他們拖著行李箱走出管制區。光秀悠閒地喝著濃縮咖啡，與兩個年輕人的憔悴不安形成強烈對比。他容光煥發，似乎睡了一場好覺。

「爸，你什麼時候出來的？」

「嗯……大概一小時前吧。」

「這麼快？坐商務艙不用等行李嗎？」

「是啊。如果不用等你們的話，我說不定已經到漢諾威了。」

「我們一路都被擠到一邊……啊，我腰好痛。我以後一定要搭商務艙。」

「呵呵，你辦得到嗎？」

「賺錢就好啊。」

「怎麼賺？」

「……」

「飛機可以說是資本主義的典型代表。坐經濟艙的人往往希望時間過得快一點，沒有睡意也會逼自己睡。反觀坐商務艙的人，他們感受到的是自己好久沒有這麼舒服地躺著看電影、吃飯和睡覺了。更令人難過的是，儘管現代人的體型愈來愈高大，航空公司仍為了增加收益，將經濟艙的座位愈改愈窄，甚至座椅也改薄，以求多放一排座位，並持續研究如何讓商務艙和頭等艙更舒適、高級。」

「沒錯，座位比以前更窄了。我還以為是我長高的關係，原來是錢的問題啊。」

「人生不是只有錢，但有錢確實可以讓人生更順遂。」

光秀喝了一口濃縮咖啡，接著問：

「還記得樂天世界嗎？」

「嗯，登機的時候，我看到叔叔先上飛機，就想起那時候的事了。」

「在樂天世界只能買到時間，但在飛機上能買到時間和空間。」

「搭機不用排隊，出關能夠快速領行李，座位寬敞舒適，旁邊的人再高大也不會影響自己。」
「航程中還提供套餐。空中的套餐和泡麵超誘人的。」
「錢還眞的是好東西。」
「不僅時間和空間，錢還能買到很多東西。我之後再慢慢跟你們說。話說回來，德國的咖啡和人一樣冷淡呢。」

★

他們迎來在德國的第一個早晨。光賢和永賢尙未適應時差，幾乎整晚沒睡。吃早餐的時候，光秀交代兩人帶著空行李箱出門。

他們抵達展場，人潮多到令人暈眩。四周傳來各種語言，偶爾也聽得到韓文。兩個年輕人興奮不已，有如墜入某個不得了的地方。

「來到這裡的人，都是爲了投資自己、所屬公司，或是自己經營的公司。投資不一定是花錢買某樣東西，開拓視野、培養感受力、檢視自己的定位，都是相當重要的投資。」

「眞的耶，這裡的人表情都好開朗。」
光秀將訪客吊牌掛在光賢和永賢的脖子上。
「去和所有參展廠商交換名片吧。收到宣傳手冊或樣品就裝進行李箱，然後盡量拍照。多留意對亞洲市場感興趣的公司、積極推銷的公司、產品和你們看過的不一樣的公司，也要多和窗口聊聊，知道了嗎？我先去另一邊的建材展。五點這裡見。」
光賢和永賢原以爲大概兩小時便可以結束。他們看了一下參展廠商清單。天啊，竟然有三百個品牌。
他們心急起來。開幕時間一到，他們立刻走向最引人注目的攤位。那裡有滿滿的新型露營裝備。儘管英文不好，但他們一邊看產品，一邊聽說明，大概能猜出對方的意思。
他們連午餐都沒吃，一共拜訪了五十家廠商。時間轉眼來到五點。行李箱裝滿目錄，變得相當沉重。他們的四肢又痠又痛，而且不知道是不是因爲心情鬆懈下來，連精神也變得恍惚。
三人再次聚在一起，他們到飯店附近的餐廳吃晚餐。菜單是馬鈴薯泥配烤香腸，又鹹又難吃。他們咕嚕嚕喝下啤酒，氣泡沿著食道快速衝進胃裡。兩人本來喝兩瓶燒酒也不會醉，卻因爲一口啤酒而頭暈。

「爸，出差都這麼累嗎？」

「我們投資了機票錢、飯店錢、伙食費和時間，當然要多看、多聽、多感受，一秒都不能浪費。難道你覺得出差是來裝帥的嗎？」

「我還以爲只要和外國人握個手、喝杯紅酒，就可以回飯店游泳……」

「又不是在演偶像劇。看了展覽，有什麼收獲嗎？」

「那裡根本是另一個世界，徹頭徹尾。意想不到的新產品超級多，我們夢想擁有的東西，那裡全都有。」

「很好，就是這個。夢想擁有的東西即爲需求，實現需求的東西正是創新。或許你們會認爲，創新就是要創造出世界不曾存在的新東西，但其實只要將原有的東西結合起來，稍微改造或發展，那便是創新。希望這次經驗能幫助你們想到新的生意點子。」

「嗯，看起來我們只要引進韓國沒有的東西就行了。有幾個窗口還滿友善的。」

光秀搖搖頭。

「好好想清楚吧。你們未來想做的是轉賣產品的賣家，還是更有價值、沒有天花板的公司所有者。」

一行人回房間後，很快就進入夢鄉，再睜開眼已是隔天早上。他們適應時差了。

光賢和永賢原以爲可以在最後一天看場足球賽，或是逛逛附近的景點，沒想到除了展場和飯店，他們哪裡也不能去。準確來說，是他們累得哪裡都不想去。

截至閉幕當天下午四點五十五分，光賢和永賢已經拜訪了三百家公司當中的兩百七十家。一晃眼，他們坐上了飛往韓國的飛機。

這次他們選擇並肩坐在一起，以防身旁又是彪形大漢。光賢失神看著飛機座位前的螢幕說：

「永賢，我們看到了這麼多神奇的產品，可是我們究竟能做什麼？」

「我也不清楚，不過我常常想起你爸說的一句話。」

「哪句話？」

「沒有天花板的公司所有者。」

「啊，爸老是說一些天方夜譚，那比川普和金正恩一起吃雙棍冰棒更難吧。沒有天花板的公司所有者，到底是什麼意思啊？」

「我好像知道叔叔的意思。」

「什麼意思？」

「我爸升上高階主管的時候，我們家開了一場派對，我媽甚至喜極而泣。但一年約滿後，我爸再也沒去上班。卸任那一天，他緊緊抱住我，我不明所以，而我媽傷心落淚。不過一年，流淚的原因迥然不同。好奇怪喔。以前每次說到高階主管，我都覺得像是在談論天上的星星。看著爸爸成爲高階主管，我還下定決心長大後也要像他一樣。殊不知高階主管僅僅是天花板下的一顆電燈泡，總有一天會熄滅……」

「把高階主管形容成電燈泡，也太過分了吧。至少也是……日光燈？或者……閃閃發光的吊燈吧？啊，抱歉，你說的是你爸的事……」

「叔叔說的那句話激勵了我。成爲公司所有者，我覺得我們說不定可以做得到。」

「我們連一樓都還沒蓋，你就想蓋頂樓了嗎？」

「我們可以先畫草圖啊。回國之後，我們整理一下廠商清單，發信聯絡他們，看看能做些什麼吧。」

「好啊，有何不可？就像我小時候那樣，鋪開巨大的畫布，用水彩塗滿各種顏色，把自己當成普普藝術家凱斯．哈林。哈哈哈。」

「看見那些年紀比我們大的外國人向乳臭未乾的我們熱情展示產品，一一解釋說明的樣子，我才明白，努力也是實力的一部分。我當時在心裡問自己：我也有那樣的熱情與努力嗎？」

「我們才剛要開始呢。先睡一下吧。」

光賢和永賢閉上眼睛。五秒後，燈再次亮起，空服員從前面推著餐車出現。每次想睡覺的時候，就會開始送餐。

砰、砰、砰。

飛機降落在仁川機場，輪子碰觸地面的震動令人熱血沸騰，彷彿一切都會圓滿順利。

回到家，永賢先去洗漱，光賢打開筆電確認電子郵件。

收件者：光賢，永賢

內容：您好，我是坎佩諾的代表艾蜜莉亞，我們在漢諾威的露營用品展打過招呼。我對韓國市場很感興趣，想與二位洽談合作。雖然我們不是知名品牌，但誠如所見，我們的產品兼具設計、價格、品質、功能性等優點，再請兩位老闆討論之後答覆我們。

「天啊！不敢相信，有人聯絡我們了。永賢！」

「你說什麼？我聽不清楚。等我出來再說。」

「我說有人聯絡我們了！廠商來信了！」

永賢頭洗到一半，頂著泡泡頭跑到筆電前方。

「哇，太棒了！我們有機會了嗎？」

「哇哈哈哈！」

「先等等，我洗好再來。」

十分鐘後，兩人盯著筆電螢幕，表情不太好。他們長嘆了一口氣，幾個月前買的產品依然沒賣出去。無論以再好的價格進貨，賣不出去的話，都是白搭。

光賢打電話給光秀。

「爸，有個廠商說要供貨給我們，你覺得我們該怎麼做？」

「跟他談韓國總代理權。」

「問題是，我們不會賣啊。要是貨又囤在那邊，賣不出去怎麼辦？」

「和對方開會討論如何行銷，並請他們寄樣品過來。這點程度的投資，廠商不會不做，除非是想白吃白喝的公司，那種就不必合作了。另外，找找看擅長銷售露營用品的全國性通路商。記得我之前說過的，不要止步於轉賣產品的賣家，那就跟大樓只蓋一樓沒有差別。」

永賢聽著光秀和光賢的對話，仔細思考。

「擅長銷售的通路商……」

「我爸的意思是要我們賣給通路商嗎？」

「好像是。他指的應該就是B2B（企業對企業）的商業模式。」

光賢發信回覆對方，要求總代理權和行銷協助。等待回信的時候，他們將兩百六十九張名片放在桌上，一一發送電子郵件。

隔天，坎佩諾回信了：

收件者：光賢

副本：永賢

內容：您好，關於總代理權，敝公司希望先簽一年合約，期滿後再視情況判斷是否續約。若接受此條件，我們將寄送合約和樣品給您。

他們在一週內收到一百二十家廠商的回信，其中一百一十四家禮貌地婉拒，它們要不是已經有韓國分公司，就是對韓國市場不感興趣。剩下的六家表示有興趣合作，他們比照先前的做法，向對方要求行銷協助與總代理權。

兩人重新檢視七家廠商的目錄和在展場拍攝的照片，回憶它們各別是怎樣的公司，從中發現了共同點：它們雖然都是小公司，卻都展現出躍躍欲試，準備闖出一番成績的模樣。那樣的躍躍欲試，和兩人相似極了。

儘管不多，他們終究獲得了七家廠商的總代理權。數字「七」似乎可以帶來好運。他們在樣品寄來之前，列出韓國國內最大的露營用品實體專賣店、線上論壇和 YouTuber 清單。

陸續收到樣品後，他們走訪全國賣場，到處介紹這七家廠商的產品。有的才聽一分鐘就拒絕，有的愛聽不聽，也有起初抱著好奇心聽他們說明，最後冷漠拒絕，連幫忙展示都不願意。

爲了不被當成廣告，他們在論壇上傳自己假裝去露營、使用產品的照片。多數瀏覽量不超過十人，但他們沒有放棄，持續上傳相關內容。過了一段時間，開始有人留言詢問他們使用的東西是什麼牌子、哪裡有賣。

由於尚未與任何賣場合作，他們無法正面回答。詢問的留言一天比一天多，他們將留言截圖、列印下來，整理得像作品集一樣，提供給賣場參考。最後，總算有兩個地方願意提供他們展示樣品的空間。

他們將產品擺設得相當漂亮，並在論壇留言回覆哪裡可以購買。他們每天巡視賣場，卻從來沒有人買單。他們來到櫃檯，發現工讀生對著手機呵呵笑，向他搭話也是隨便應付，毫無靈魂。

從那天起，光賢和永賢決定親自前往賣場展示區，守在產品前面。如果有客人經過，他們就主動向客人說明。

一、兩個月下來，陸續有人購買產品，但他們賺到的錢，連最低時薪都比不上。

他們想要提高銷量，但尚未打通線上通路。除了偶爾在論壇上傳照片，根本找不到管道可以宣傳。

他們寫信給坎佩諾的代表：

收件者：艾蜜莉亞

內容：您好，韓國近期將舉辦國內最大的露營用品展，想請教您能否出席。製造廠商如果親自到場說明，相信客户會更信賴產品。請您斟酌。

隔天，他們收到了回信：

收件者：光賢；永賢
內容：知道了，屆時我會派我的員工麗娜過去。
PS：每個韓國人名字都是「賢」結尾嗎？

他們在論壇發布參展資訊，並聯絡了好幾位露營主題YouTuber，但都沒有人表示有興趣，想必拜託他們宣傳的廠商多到難以計數。YouTuber最重視的就是瀏覽量，怎麼會關心像他們這樣定位不清的廠商呢。

光賢和永賢拿著寫有「坎佩諾」的接機牌，在仁川機場出境大廳等候。光賢不停用食指在鼻子下方來回搓揉，這是他緊張時的老習慣。

「永賢，我有點緊張耶。」

十五分鐘後，一個紅髮女人走了出來。她一身夜店穿搭，露臍短版上衣配上皮夾克，全身無一處不是刺青，雪白的臉頰布滿雀斑。

這個看似潑辣的女人朝著兩人揮手。他們以爲她是在和後面的人打招呼，轉頭看向其他方向時，她已朝他們走來。

「坎佩諾，光鮮、永鮮？」

光賢和永賢對看了一眼。

「麗娜？」

「Yes.」（我就是。）

兩人目瞪口呆，說不出任何話來。他們帶麗娜到飯店，協助她辦理入住手續。結束後，兩人走出飯店，深深嘆了一口氣。

「永賢，我們完蛋了。枉費我們準備了這麼久……。」

「再看看吧。艾蜜莉亞代表不可能隨便派一個人過來。」

★

開幕當天，他們想起了漢諾威的露營用品展，不敢相信自己從參觀者變成參展者。麗娜十分興奮，展現出與眾不同的活力。

各大公司憑藉財力在最好的位置擺設攤位，占地也最廣，甚至還有活動。光賢和永賢的公司剛起步，被分配在角落的位置，儘管顯得有點寒酸，他們還是盡力準備。

麗娜沒有守在攤位上，反而到處參觀。參觀者只關注知名品牌，不會在坎佩諾這樣的小品牌駐足。攤位前面門可羅雀。

兩人在攤位前走來走去，時坐時站。兩小時過去，麗娜帶著熟悉的臉孔回來。他們是光賢和永賢聯絡過的 YouTuber，似乎是受到麗娜獨特的外貌和魅力四射的活力所吸引。

她以英文介紹坎佩諾產品的使用方式，連光賢和永賢不知道的功能也仔細示範。這好像是一種雙贏。一個有著獨特魅力的外國人介紹露營裝備，勢必可以衝高影片瀏覽量，對品牌也有很好的宣傳效果。

光賢和永賢呆站在一旁，與麗娜形成鮮明對比。他們吃驚地發現自己過去的宣傳過於執著形式。看著麗娜的樣子，他們領悟到市場想要的是主動的人、愉快的人、在一起時會讓人心情變好的人。

YouTuber 拍攝結束後，光賢和永賢邀麗娜一同吃午餐，但她讓他們稍等片刻。二十分鐘後，她又帶著其他人出現，請他們坐在露營椅上。這次是記者。她叫兩人去買食物，說要在攤位上用餐。

光賢去買食物期間，麗娜接受了記者的訪問。這一天，麗娜共邀請了三名YouTuber和一名記者參觀他們的攤位。

第一天結束。走在回飯店的路上，麗娜的紅髮隨風飄逸。她神采奕奕地對他們說：

「Let's go crazier tomorrow!」（我們明天玩得更瘋一點吧！）

隔天，兩人配合麗娜的活力與風格，特地戴上墨鏡和黃色泡麵頭假髮，看起來宛如黃色花椰菜。麗娜看到他們的樣子，開心得不得了。

「好可愛啊！」

造訪攤位的人潮愈來愈多，訂閱人數超過十萬的YouTuber也來了好幾位。

展覽落幕。過了今晚，麗娜就要回德國。

「麗娜，這是韓國最近很紅的啤酒。」

麗娜喝了一口，皺起眉頭。

「太淡了。我昨天也在便利商店買了啤酒，喝起來像摻了水一樣。」

「是吧？和啤酒王國德國的啤酒相比……」

永賢在麗娜的啤酒杯裡加入燒酒。

「妳再喝看看。」

麗娜小口淺嘗之後，咕嚕嚕一口飲盡，然後將玻璃杯重重放下。

「太好喝了！」

他們端上長得又紅又怪的下酒菜。

麗娜皺眉問道：

「這是什麼？」

光賢用不懷好意的語氣說服她嘗試。

「吃看看嘛。」

麗娜用叉子用力叉起下酒菜，放進嘴巴裡，慢慢咀嚼。

嘎吱嘎吱、嘎吱嘎吱。

「Good！我還是第一次吃到這種口感。」

「當然啦，這是雞腳。」

「什麼？雞腳？嗯……可是……滿好吃的。怎麼會？爲什麼呢？這好好吃！」

最具韓國特色的東西最受國際喜愛。

麗娜不間斷地吃吃喝喝。

她和兩人大聊特聊，並說了一段耐人尋味的話：

「說到底，最重要的還是人，產品不過是產品而已。推出的產品不管再好，沒多久就會被新產品比下去。光鮮！永鮮！在韓國，坎佩諾的老闆是你們，你們就是所有者！韓國人想要什麼，儘管跟我說！說不定德國人也想要！幾個人攜手合作，總比一個優秀的人強。就算不夠優秀，好幾個人聯手起來，也可以切斷金屬。要是切不斷的話，那就慢慢熔化它！ＯＫ？這就是加乘效果！」

「ＯＫ！麗娜！」

「還有啊，光鮮和永鮮，你們多戴假髮吧，你們的臉太無趣了，還是當黃色花椰菜比較好。啊哈哈哈。」

麗娜似乎喝醉了。她大口咀嚼雞腳，燒啤也直接乾杯。

「未來才能看到的東西，只存在於今日的瘋狂想像中！你們有過瘋狂的想像嗎？」

咚！

她趴在桌子上睡著了。

儘管是麗娜，也贏不過韓國的燒啤。

話說，她一整天都在展場忙進忙出，這也是情有可原。

麗娜的手腕上刺著「die Flügel der Fantasie」字樣。

他們打開 Google 翻譯。

「想像的翅膀」。

很久以後，他們才知道麗娜是艾蜜莉亞的女兒。

光賢和永賢參考麗娜的點子，換了新的公司名稱：

黃色花椰菜

展覽期間的社群行銷意外成功，訂單大幅成長。以前將他們拒於門外的賣場也找上他們，欣然與他們簽約。

光賢和永賢決定將心力放在七個品牌中成長最快的坎佩諾。用戶紛紛留言推薦，形成良性循環，也不需要特別廣告。

他們專注經營坎佩諾整整一年。

★

光賢和永賢打電話給光秀。

「爸！吃飯了嗎？我和永賢穩紮穩打，蓋好一樓了。」

「比我預期的還要快呢。」

「很快嗎？我們這一年半幾乎沒有好好睡覺。」

「一年半算快了。不過，至少要維持成長五年，才能進入穩定期。在我看來，你們應該能持續穩定成長。」

「眞的嗎？聽你這麼說，我好開心。嘿嘿嘿，我們正準備往二樓邁進。」

「在那之前，你們得先捐出淨利的一〇%。」

「咦？我們好不容易才能喘口氣，卻要捐錢嗎？爸，這太過分了吧。我怎麼知道那些基金會會把我捐的錢用在哪裡，而且聽說還有很多人是騙子，拿了錢就跑。」

「所以，我在這一年半的時間裡，建立了一個廉潔基金會篩選平台。我捐錢捐了十幾年，當然想知道自己的錢被用在哪裡，其他捐贈者也有同樣的想法。於是我選出幾個財務報表、活動內容公開透明的基金會，登錄在平台上，之後捐贈者就能選擇自己屬意的基金會。如今捐款金額已突破兩千萬元。」

「不是啊，爸不是只懂線下世界嗎？現在居然跨界到線上平台……哇……我爸眞的超厲害，無所不能啊。所以你的意思是，我們只要在那個平台捐錢就對了？」

「看你們的心意。我的意思是，如果你們先前沒做這件事，是因爲擔心善款的去向，不妨在這個平台尋找值得信任的基金會。」

「雖然我們好不容易才能謀生……不過還是照爸的意思，以寬廣的心胸，爽快地捐錢吧。」

「如果想要繼續蓋二樓、三樓、四樓……直到頂樓，你們就要了解錢的意義。在這個過程中，你們也會眞正了解人生的目標和意義。話說回來，你們在一樓進行了硬體建設，二樓要不要試試軟體建設呢？」

光賢和永賢聽從光秀的建議，以黃色花椰菜的名義，捐出淨利的一〇％。

該怎麼蓋二樓呢？他們從前一年就開始煩惱這個問題。經過無數次的會議，總算有了想法。那就是讓用戶在黃色花椰菜的官網上傳露營主題的影片，每月進行一次投票，然後提供優勝者獎金。雖然大部分的人都把影片上傳到YouTube，但如果不是專業YouTuber的話，很難從中獲益，辦這樣的活動應該會有人參加。

第一名獎金是兩萬元，第二名一萬元，第三名兩千元。附帶條件是必須標明影片中出現的產品品牌和品名。

活動第一個月，有七支影片上傳，他們也發布了實際支付第一名到第三名獎金的宣傳影片。第二個月，有二十支影片上傳。儘管仍是赤字，卻不無潛力。他們以坎佩諾的銷售收入做爲活動的營運成本。

過了六個月，上傳的影片超過百支，他們開始收到各大品牌的廣告投放邀約。用戶如果點選連結，下單購買影片中介紹的產品，他們就能收到一定的分潤。另外，他們也讓用戶在上傳影片時先登錄帳戶資訊，以便直接匯出獎金。

活動不再仰賴坎佩諾的銷售收入。隨著網站訪客人數增加，陸續有知名YouTuber上傳和品牌合作的優質影片。他們原本擔心這會讓活動主旨變得模糊，沒想到大眾更喜歡把票投給個人製作的小品影片。

如今，他們要做的是每個月整理一次賣場訂單，向德國總公司叫貨，以及管理官網伺服器、維持投票公正性、檢查收支狀況。光是這麼做，便能好好經營黃色花椰菜。

公司順利發展，二樓似乎快蓋好了。在此期間，三不五時就有不動產大漲的新聞。

「你看看，你看看，我們正在變成乞丐。不行，我不接受。就算我正在賺錢，卻也正在變成乞丐。永賢，你快點用你聰明的腦袋想想我們該怎麼辦！」

「我讀小學的時候，我爸因爲股票賠了一大筆錢，到現在還是叫我絕對不能碰股票，所以我打算存錢買房子。還是要跟你爸吃頓飯？這次換我們請客吧。」

★

三人吃完飯後，走向星巴克。

「眞了不起。」

「怎麼說？」

「你們這麼早就想到資產了。」

「叔叔不是早就有充足的資產了嗎？」

「現在當然是那樣啊。不過，我在你們這個年紀時，整天忙著做生意，完全沒想過資產的事。直到光賢出生後，我才意識到資產有多重要。」

「我們覺得很不安，房價的漲幅似乎比我們賺錢的速度更快。再這樣下去，如果買不起房子怎麼辦？」

「你們是不是覺得，只要買下資產，它就會自動上漲？其實不見得。你們必須學會區分好資產和壞資產，這是需要學習的。」

「是，我們會認眞學習的。」

「你們應該知道，想要成爲富人，連睡覺的時候也要賺錢吧？」

「是，當然知道。」

「這就是資產的職責。資產二十四小時都要工作。永賢有想要居住的地方嗎？」

「我……我很喜歡來美安＊的首席中央河景公園森林城堡。」

「你去過那嗎？」

「曾經開車經過，但沒進去過。」

「到附近的便利商店吃碗泡麵吧。到那邊逛逛，順便了解一下那裡的住戶類型和居住氛圍，不是什麼很難的事。」

「我還眞沒想過呢。」

三人大口喝下美式咖啡。光秀用手指輕敲桌面，向光賢和永賢提問：

「你們覺得星巴克是什麼地方？」

「這裡嗎？賣咖啡的地方。」

「還有三明治、杯子、雜貨等周邊商品。」

光秀輕輕一笑。

「沒錯，一般人的確是這麼看星巴克的。但資產家們有別的看法。」

「他們怎麼看？」

「假如星巴克進駐我的房子，不但會是穩定支付房租的房客，也是能幫助我提升房子價值的好工具。」

「果然……與眾不同啊。」

「你們這陣子做生意，應該遇過不少富人，但資產市場上的富人有百百種。」

「我們身邊有叔叔就夠了。如果不是您，我們不會有今天。」

「我沒那麼偉大，比我更厲害的人多得是。」

「要到哪裡才能遇見那樣的人呢？」

「書店。」

「書店嗎？」

「對，書店裡可以遇到許多厲害的人。截至目前，你們只體驗過如何經營事業，尚未研究過眞正的富人和財富自由吧。」

---

*三星集團所屬的建設公司，產品大多是高級公寓。

「聽起來好難喔。」

「你們爲什麼想擁有資產？」

「因爲這樣下去，好像永遠買不起房子。」

「哈哈，那倒不一定。從長遠來看，物價的確會隨著貨幣貶値而上漲，但短期內還是會上下波動。」

「話雖如此，但以後房價好像會漲很高，所以還是想先買下來。」

「那你們要想清楚喔。假如繼續投資你們現在的公司，或是發展新事業，收益大於資產漲幅的話，那麼將資金放在事業或許更有利。不經思考就買房，是無法致富的。將金錢與資產的知識，和自己的哲學整合在一起，才能成爲眞正的資產家。」

「原來如此。我們先去一趟書店吧？」

「這就對了。好好按照那些好書上所寫的致富公式去做，任誰都可以成爲富人。」

「那爲什麼沒有每個人都成爲富人呢？」

「人們會聽從導航的指示，卻很少遵照書中那些成功人士的建議去做。」

「看書啊……有推薦的書嗎？」

「嗯……先看看《在首爾有房、在大企業上班的金部長的故事》（서울 자가에 대기업 다니는 김 부장 이야기）吧。比起死板的書籍，寫得像小說一樣的書更容易入門。」

兩個年輕人坐在書桌前，列出自己的計畫：

債券：一小時
股票：一小時
不動產：一小時
英文：一小時
運動：一小時

他們每天的工作到下午三點左右就大致都結束了，在那之後，他們會去圖書館、健身房，一天花五個小時左右學習、運動，就這麼過了幾個月。

「光賢，你看懂了嗎？」

「沒有……我覺得好混亂，就好像比爾蓋茲在學習如何儲値交通卡。」

「這實在太難了，比做生意還難。做生意至少還能看出好壞，但這根本抓不到感覺。」

他們好久沒出門，決定到光化門透透氣。他們先到教保文庫看看最近出了什麼新書，也買了幾本。離開書店後，他們順路走了一圈清溪川，再散步到廣場。六點左右，脖子上掛著識別證的上班族湧上街頭。

「光賢。」

「嗯？」

「你也有同樣的想法吧？」

「喔。」

光賢和永賢申請休學後，因爲沒有在規定期限內復學而被開除學籍。他們只有高中畢業，無法到大公司上班。朋友羨慕他們，他們羨慕朋友。

當朋友在員工餐廳吃飯時，他們在司機餐廳*吃飯。

當朋友在茶水間喝咖啡時，他們到便利商店喝咖啡。

當朋友和一群公司同事聚餐時，他們兩個自己吃消夜。

假如獨自一人，或許會覺得寂寞，但他們有彼此相伴。兩人心想：爸爸孤軍奮戰，是怎麼撐到今天的呢？

「光賢，龍八是不是在這附近上班啊？」

「對耶，我們打電話給他吧。」

＊餐點選擇不多但平價，營業時間也比較特殊，通常是計程車司機或客運司機光顧，故稱爲司機餐廳。

9.

煙火警報

光賢和永賢決定約高中同學龍八見面。高一的時候，龍八從昌原轉學到首爾，有著濃濃的慶尙道口音。

一名男子梳著油頭，穿著白襯衫，手上的 Gucci 公事包上畫了一條紅蛇，腳上的皮鞋在光線照射下閃閃發光。一看就是龍八。他仍然一副小白臉的樣子，表情也和以前相差無幾。

「龍八！我們在這！」

「哇！我們多久沒見了。你們過得好嗎？聽說你們大學休學了。」

「嗯，因爲要做生意，我們就不讀了。」

「是喔？做什麼生意？」

「只是賣露營用品。」

「因爲那樣就休學？看看你們臉都瘦了。這裡是我的主場，我請客。多吃點。」

「龍八，你變帥囉。」

「帥個頭……眞的很帥嗎？」

「很帥。哈哈哈！」

店員端來水果盤和三杯五百毫升的啤酒。他們舉起沉重的酒杯碰杯，大口暢飲。

永賢問龍八：

「職場生活還好嗎？」

「我們公司啊，是不錯啦……但工作和生活完全不能平衡。工作超級多，有夠煩，好想離職。反正有很多人找我去上班。」

「眞好，大家搶著要你。」

「我本來就很受歡迎嘛。你們有女朋友嗎？」

「別說女朋友了……我們連吃飯的時間都沒有，都在忙工作。」

「哎呀，這樣不行。再這樣下去，你們的好時光都要結束了。你們賣露營用品賺到錢了嗎？」

「嗯，還過得去。扣除成本和稅金，剩下不多。大公司給很多薪水嗎？」

「哈哈，要見識一下嗎？」

龍八從口袋裡拿出車鑰匙，重重放在桌上。上面有四個圈圈。

「和我同時進公司的人都買 BMW 3 系列，但我不想讓他們太得意，於是買了奧迪A6。」

光賢拿起車鑰匙，翻來翻去。

「哇，這就是德國車的鑰匙啊。」

「你們做生意的人，至少要開一台好車吧？」

「我們開Kia Ray。它是輕型車，負擔費用比較少，也可以裝很多行李。畢竟我們時常要帶一堆露營裝備出門。」

「這樣啊，賺錢以後買一台好一點的吧。等上了年紀才開好車，那也沒意義了。要買就要趁年輕。」

三人再次碰杯。重量比剛才輕了一點。

對投資很感興趣的光賢問龍八：

「現在上班族都投資什麼啊？」

「投資？哈哈哈！我頗有涉獵，不知道的儘管問我。」

「我們想把存款拿來買資產，不過你也知道，資產的種類超多的。」

「這件事我只告訴你們，聽清楚囉。」

「什麼？」

「你們買得起飯店嗎？」
「飯店？不是旅館？」
「對，飯店。我不是叫你們買下整棟飯店，而是買下其中一間客房，利潤就和經營飯店的公司平分。」
「有這種事？」
「東草最近不是比江陵*更有人氣嗎？現在那邊在蓋飯店，其中一家正對東海，叫做七樹飯店。我買了那裡的客房。哈哈哈，很酷吧。我只跟你們說而已，不要隨便告訴別人。」
光賢不自覺地搓著鼻子下方。
「這算不動產投資嗎？」
「算不動產投資，也有點像股票配息。買下客房算是不動產，但配息取決於飯店經營得好不好，所以也有點像股票。經營飯店的公司也想賺錢，肯定會努力經營。」

*東草和江陵都是位於江原道的海岸城市。

第三次碰杯。酒幾乎喝光了，杯子變得非常輕。

「最近房價漲這麼凶，怎麼買得起房子？再加上仲介費、房屋稅，以後還有增值稅，我連一杯羹都分不到，倒是政府吃得飽飽的。話說回來，你們爲什麼來光化門啊？來玩的嗎？」

「我們出來透透氣，順便逛教保文庫。」

「逛什麼書店啊，眞土。YouTube 上不是都有嗎？」

「是沒錯啦……」

「算了，再喝一杯吧。」

久別重逢的三個高中同學喝到有些醉意後，才決定打道回府。

「你們住哪？」

「那邊……」

「你們該不會住在窄到不行的小套房吧？」

光賢和永賢沒有回答。

「我住在江南站附近的住商混合大樓，隨時來找我玩。我的冰箱冰滿了紅酒和啤酒。」

「好啊，今天碰面眞開心。回家路上小心。」

隔天早上，光賢和永賢睡到很晚。難得喝酒讓他們嚴重宿醉，一直昏昏沉沉的，直到外面傳來老爺爺的吵鬧聲，他們才終於醒來。

「永賢，你醒了嗎？」

「嗯。」

「那些老爺爺進國會的話，工作應該會做得很好吧。他們上輩子絕對是金魚，想要大聲說話，卻只能吐出一堆泡泡。他們過去一定累積了不少怨氣，如今總算能一吐爲快。」

永賢揉揉眼睛，望著窗外。

「不過，那些老爺爺爲什麼放著好好的 T 恤不穿，老是穿鬆垮垮的背心呢？」

「總不能穿燕尾服吧。」

「也是。你說的眞有道理。」

「話說，我們要搬家嗎？」

「搬去哪？」
「龍八隔壁。」
「叔叔不是叫我們結婚前不要搬家嗎？」
「我們都幾歲了？管他的。」

★

今天，光秀和永哲的朋友嫁女兒。光賢、永賢小時候也和新娘見過幾次面，但他們毫無印象，儘管如此，他們仍跟著爸爸一起到場祝賀。

一行人抵達婚宴會場，會場內流淌著巴哈的《G弦上的詠嘆調》。新娘穿著白色長禮服進場，她的父親跟在旁邊。不知道是不是對新郎不滿意，他的表情不太好，不對，看起來更像是因爲太緊張而肚子痛。

新郎在舞台前等候，和新娘父親握手後，兩人輕輕擁抱。男人互相擁抱的樣子，連觀眾都覺得彆扭。接著新人交換戒指。

光賢小聲對坐在旁邊的光秀說：

「爸，你也想看到漂亮媳婦吧？我住在小套房，開一台小車，連談戀愛的機會都沒有……」

「光賢，你不用在意我。你覺得自己該結婚的時候再結婚就好了。」

永哲小聲問坐在旁邊的永賢：

「你有女朋友嗎？」

永賢搖了搖頭。

婚禮結束後，他們走到宴會廳。今天吃自助餐。接待員請他們盡量往裡面坐，窗邊有個四人桌尚未有人入座。光秀和光賢、永賢三人坐一起，永哲則跑跟好久不見的朋友共桌。

光賢和永賢拿了很多壽司和帶骨牛小排，嘴裡各種肉類交雜，充斥著難以言喻的味道，腦袋瓜裡卻只有昨天見過的龍八。

光賢吞下一大口肉之後，向光秀提起前一天的事：

「爸，我們昨天和高中同學見面了。他現在住在江南站附近的住商混合大樓，還開進口車。我們不需要進口車，但有點想擺脫早上就一堆喝醉的老爺爺吵吵鬧鬧的公寓。」

「在致富的路上，最危險的行爲之一就是比較。如果那個同學住在潮濕的半地下房，你們就會滿足於現況嗎？」

「好險我們身邊沒有那種朋友。」

「很多人都因爲比較而變得不幸。與別人比較，就如同將太陽和月亮放在一起比較。」

「怎麼說呢？」

「太陽和月亮發光的時間點不一樣。」

陽光從百葉窗的縫隙中流瀉進來。光賢說道：

「是啊，的確不一樣。我很羨慕他在大公司上班，打扮得帥帥氣氣，跟我們完全不一樣。我也知道和他比較沒有好處……」

「他大學主修什麼？」

「我記得是管理學。」

「原來他正在被『管理』啊。」

「咦？」

「他一邊被別人管理，同時在玩煙火。」

「玩煙火？」

「煙火很華麗，卻是一時的。它的閃耀光芒轉瞬即逝。你們要和陽光、月光、星光一樣，成爲隨時隨地都能看見的存在才行。千萬記得，無論雪下得多大，烈日永遠都在同一個地方。」

「我知道。可是，我們家外面住著一群不管白天黑夜，每天都不知道是在發火，或是單純很熱情的老爺爺。他們就算被烈日曝曬三百六十五天，也完全不會動搖。」

「要不要搬家由你們自己決定，但搬到住商混合大樓的花費肯定比你想像的多。搬家費、仲介費、管理費等，累積起來也是一筆錢。要是做生意或投資出現虧損，有可能因爲差了那一點錢而倉促做出決定。我自己就是過來人。」

「不過，我們的生意現在很順利啊。」

「你怎麼知道前方是坦途，而不是懸崖邊緣呢？」

「爸認爲我們的事業走到底了嗎？」

「這個你們應該更清楚吧。我要說的是，你們必須未雨綢繆。」

「我們創業沒多久，短期內應該會持續成長，沒什麼風險才是。」

「一百家新公司當中，有九十五家會在五年內倒閉。按照這個統計數據來看，你們不可能完全置身事外。正如我先前說的，相較於考慮搬家，思考如何累積資產，才是你們的首要之務。」

「我們做了研究，卻還是不知道該怎麼做。怎麼說呢？投資這件事好像高空彈跳邁出腳步的那一刻，明知道已經綁上安全繩了，卻還是覺得沒保障，雙腳也不斷發抖。」

光秀吸了一大口湯麵，再次發問：

「你們安排了那些學習？」

正在重新組合生魚片和醋飯的永賢答道：

「每天研究股票一小時，債券一小時，不動產一小時，英文一小時，運動一小時。」

「哈哈哈，剛開始投資時，最好把雞蛋放在同一個籃子。」

「咦？大家不是都說不要放在同一個籃子嗎？」

「那是資產很多的富人要做的事。你們才剛起步，雞蛋要放在同一個籃子，專心經營才行。我之所以能在建築領域取得成功，就是因爲我過去除了睡覺以外，把所有的時間都投資在建築領域啊。」

「那要投資哪個領域比較好呢？每個看起來都不錯，但也都好可怕。」

「先比較股票和不動產吧。就你們目前學到的，你有什麼想法？」

「股票的波動似乎比不動產更敏感。」

「原因是？」

「股價反映一家公司的價值，而外界對一家公司的未來展望或業績評價似乎時刻都在變化。」

「分析得不錯，不過，眞正的原因其實是因爲交易方便。」

「是那樣嗎？」

「你們想想看，法人或外資可以在前一天買下十億元的股票，隔天立刻賣掉二十億元的股票，對吧？但房子需要買賣雙方見面、談價錢，接下來還要花時間處理成交費用和稅務，根本不可能昨天買今天賣。」

「原來如此。那爲什麼股票會泡沫化呢？」

「因爲可以小額交易。」

「可是，像不動產那樣的高額商品，不是更容易泡沫化嗎？」

「小額交易意味著任誰都能進場。不動產最少要數十萬元，但股票幾百元就夠了，從收入微薄的學生到老人都可以輕鬆入門。然而，就算一個人只投資幾百元，但數百萬人合計起來，就是不得了的大錢，會形成泡沫也不意外。」

「叔叔要說的是門檻低的問題嗎？」

「咖啡廳如雨後春筍般開店又倒閉，或者餐廳動不動就換人經營，都是門檻低的關係。必須有執照才能開業的醫院，或是需要雄厚資金的公司不容易倒閉的原因便在於，它們的稀缺性創造了高門檻。從這個角度著眼的話，不動產的入門門檻確實比滑滑手機就能下單的股票更高。」

「沒錯，我身邊的人好像都有買股票。」

光秀夾起糖醋肉。

「大家不是都說，買賣股票的時間比炸糖醋肉還短嘛。」

光賢剝掉辣拌蝦的蝦尾，看著光秀問：

「這是大叔之間流行的笑話嗎？」

「哎呀……不是。我只是想表達買賣股票有多快、多簡單。哈哈哈。」

永賢短暫思考了一下，說道：

「您也知道，我爸因爲股票和不動產賠了很多錢，所以他叫我什麼都不要做。我不認爲他說的全是對的，卻又很擔心賠錢。」

「都過了十五年了呢。永哲當時夢想自己可以在別人看不到的地方賺大錢，要是他沒有那麼做，而是買大家看好的績優股或不動產，現在收益應該不錯。畢竟資產價格會隨著通貨膨脹成長。」

「做生意賺大錢的話，就不需要資產嗎？」

「樂天集團底下的樂天七星公司，因爲賣出好幾百萬瓶七星汽水，累積了非常可觀的利潤。不過，樂天在蠶室的土地，價格漲幅更大。」

光賢和永賢露出不敢相信的表情。

「你們知道麥當勞的主要收入來源是什麼嗎？」

「賣漢堡吧。」

「不對。」

「啊！我聽說飲料的利潤更好。」

「也不對。麥當勞靠不動產賺的錢最多。」

「什麼？」

「麥當勞都開在交通便利又醒目的地方。他們收購大家一定會經過的路口，從四面八方都看見。說穿了，麥當勞就是僞裝成餐飲業的不動產公司。」

「我完全沒想過呢。」

「所以說，判斷一家公司的價值，必須留意它背後的潛在可能性。而要判斷一個不動產的價值，則要看它所處的位置有多好。」

「這樣啊……我們會再想想該怎麼做。」

「記得一件事，在一項資產投入太多資金，必定會影響到下一次的投資。投資的根本是以最少的成本獲得最多的報酬。」

永賢忽然感到好奇，光秀爲什麼不用錢滾錢，反而把錢都拿來買豪宅……他好想問，卻問不出口。

光秀一邊整理桌面，一邊跟他們說：

「希望你們學會用第三者的角度看待資產。」

「這比剛開始做生意時更讓人緊張呢。」

「致富與否，取決於個人。無論是誰都有權做主，也有能力實現。」

束縛著光賢和永賢的繩子，似乎慢慢鬆綁了。

10. 買了就跌的魔法

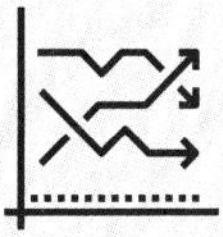

「你記得我爸十五年前買了一間連棟透天嗎？」

「嗯。」

「我本來是走路上學，自從搬到那裡以後，每天都要搭長途公車，超級不方便。但是，那棟房子有個更大的問題。」

「什麼？」

「賣不掉。」

「你爸買那棟房子是爲了轉賣嗎？」

「我忘了是小學還是國中的時候，他曾經想賣掉那棟房子，不過賣不掉，所以現在還住在那裡。我爸和我媽都覺得住在那很不方便。」

「家裡有庭院、私人停車場，後面又有山，不是正適合老人家居住嗎？」

「他們說出入要爬很多陡坡，很辛苦。加上周遭什麼都沒有，買個東西也要開車出門，實在太麻煩了。」

「也對，那附近確實荒涼。仔細想想，庭院不但蟲子多，管理那片草皮應該也相當費功夫吧。」

「盆唐的大樓住得好好的，突然搬到連棟透天時，我原本以爲他只是單純想換房子。後來我上了大學，問他爲什麼搬到那裡，他卻不回答我，老是轉移話題。」

「長輩不是都有同樣的嚮往嗎？比起市區的大樓公寓，更嚮往住在郊區的透天別墅，平靜生活。依我們這段期間學到的來看……」

「平靜的社區，房價也很平靜。」

光賢和永賢各自買下位於京畿道的小坪數公寓，這是他們研究不動產時相中的地方。他們決定買房的時候，新聞報導房價正在上漲，但付清尾款的隔天，不動產市場隨即轉冷。才不過幾天，成交量便大幅下滑，出現大量拋售，價格也隨之下跌。

「永賢，這一定是夢。別擔心，等我們醒來，一切就沒事了。一定要那樣才行。可惡。」

「光賢，我們現在該怎麼辦？」

「命運簡直在跟我們開玩笑。投資的世界果然就像沒有安全繩的高空彈跳一樣。我昨天還夢到樂透女神跟我報明牌……祂說的是幾號呢……四、十三、二十七……啊，我想不起來了。我寫下所有號碼，準備去買樂透的時候，腳突然抽筋……對，就是這樣。我做的是預知夢，它在告訴我，我的人生會陷入僵局。」

兩人天天確認房價，實際成交價持續下跌。

「吼，這些人眞是的，爲什麼要報低價，害房價下跌啦。」

「永賢，來不及了。你看一下實際成交價。」

相同坪數的皇家公寓已經跌了一百萬元。

「我們買在高點嗎？」

「嗯，我們被套牢了，徹徹底底。」

「原來這就是套牢。我以爲只有股票會被套牢，沒想到不動產也會。那是我們好不容易存下來的錢耶。要認賠殺出嗎？」

「喂，你眞的把它當股票嗎？我們才買一星期耶。」

「我有不祥的預感，這感覺就跟我們當初跨境購買商品，結果賣不出去的時候好像。」

「不管了，睡吧。除了繼續努力賺錢，我們還能做什麼？我關燈囉。」

「嗯。」

他們躺在相距約兩公尺遠的床上，望著天花板。兩個人都睡不著。

隔天早上，光賢聯絡光秀，光秀叫他們到東草找他。光賢和永賢開著Ray前往東草，他們安靜望著一個接一個掠過頭頂的路標。在高速公路行駛一段時間後，一架飛機飛過上空。

「光賢，你覺得那架飛機要去哪裡？」

「我希望它去夏威夷。」

「希望？」

「因爲我想去夏威夷。」

「爲什麼？」

「我很好奇太平洋另一邊的人怎麼生活。想必他們每天都無憂無慮地衝浪和跳森巴吧？」

「哈哈，是草裙舞吧。不過，夏威夷人應該也有我們不懂的煩惱吧。他們不是到哪裡都要搭飛機嗎？」

「說的也是。不知道夏威夷人對韓國有什麼看法？」

「三面環海，一面不能走，不管到哪裡都要搭飛機的國家。」

「差不多呢。夏威夷和我們。」

「眞希望活得自由一點。」

「我到現在還是不明白何謂自由。不知道是這個詞太難，還是這件事本身太難。」

兩人默默在腦海中覆誦自由這個詞。到了傍晚，他們抵達東草，在光秀的宿舍大廳等他回來。光秀穿著滿是灰塵的工作服，和員工們一起回到宿舍。他笑著對他們說：

「等我一下，我洗個澡就下來。」

二十分鐘後，光秀換上運動服，回到大廳。

「叔叔，您在這附近有工程嗎？」

「嗯，市政府的案子。」

「您要住在這裡很久囉？」

「我一週來這裡兩天，其他時間會在公司。」

既然這樣，爲什麼叫他們大老遠跑來東草呢？

「煩惱的時候，與其一直鑽牛角尖，不如來感受一下大自然，對你們更有幫助。」

「您怎麼知道我們有煩惱？」

「叫你們來就馬上來，肯定有事要找我商量吧。」

光賢和永賢將他們買房後房價隨即下跌的事情一五一十告訴光秀。

光秀聽到一半，開口問兩人：

「你們身上還有多少現金？」

永賢搶先回答：「我幾乎都花光了。」

光賢接著說：「我也是。」

「覺得很不安吧？因爲你們沒有現金了。」

永賢思考了一下，說道：

「我們起始資金已經不多了，如果再留現金，投資的錢不會太少嗎？」

「無論景氣好壞，一定要保有現金。」

「爲什麼？」

「沒有現金的話，小小的危機也會動搖你。投資的標的或事業，就算預期未來價値再高，依舊有可能受到衝擊。如果不能撐過那段時期，勢必要賣掉優良資產或放棄優良事業。撐過那段時期所需的原動力並非體力、意志力、出眾的能力或人脈，而是現金。」

光賢和永賢慶幸自己沒有搬到住商混合大樓。光秀接著說：

「沒有現金，如同被關在名爲風險的牢籠中。本業之所以重要，就是這個原因，它是化解風險的重要工具。」

「既然如此，叔叔大概保留多少現金呢？」

「我預留資產的一〇%左右。」

「原來如此。我身邊好像沒有人會保留這麼多現金。」

「大部分投資不動產的人都會拿出手上全部的現金，甚至申請貸款，成天忙於支付利息。」

「最近有個新詞就是在形容這種情況：靈湊，連靈魂都拿來湊數。」

「這我聽得懂，好嗎？哈哈哈。」

永賢焦急地問：

「那叔叔怎麼看靈湊投資呢？」

「如果做到那個程度，不動產就不是資產，而是負債了。」

「咦？您為什麼這麼說？長期持有不動產的話，基本上一定會增值，應該屬於資產吧？」

「多數人誤以為擁有房子，等同於擁有資產。可是，如果你成天都在還貸款利息，甚至因此有壓力、感到不安，經濟和心理方面都會陷入困境。」

「就算是這樣，等房價上漲，再以好價格賣掉，不就變成資產了嗎？」

「沒錯。但前提是它賣掉以後，扣除先前支付的利息和稅金，還有盈餘的話。在那之前，它就是負債。無論市場行情好壞，都只是一個數字。」

「好難啊。」

「致富沒有祕訣，方法也不難，只是鮮少有人願意深入學習。有的人就算申請超出能力範圍的貸款也要買房，還洋洋得意，全然不顧存款餘額正在變少。擁有房子，其實不過是『空檔狀態』。」

「空檔狀態？」

「也就是隨市場變動的狀態。市場稍微前進，它就跟著往前；市場稍微後退，它就跟著往後。」

「那麼，處於『前進檔狀態』的人，指的就是資產多的人囉。」

「沒錯，自住房子的價格頂多跟著通膨和市場行情波動，對於形成資產沒有多大幫助。」

「但不是有人說，聰明人只留一棟好房嗎？」

「運用低價資產，最後換到一棟好房的過程確實聰明，但這並不是投資的終點。」

「這樣啊。除了現在的房子，我們還得有其他資產，或是繼續累積資產，才算是前進檔狀態。」

「你聽懂了。」

「既然如此……沒有資產的人是什麼狀態呢？」

「倒車檔狀態啊。」

「往後走嗎？叔叔不是說，儲蓄很重要嗎？」

「儲蓄固然重要，但要決定勝負，終究得看你用存下來的錢買了什麼資產。」

靜靜在一旁聽他們對話的光賢語帶哽咽地說：

「竟然以資產決勝負，太殘忍了！」

「我忽然想到大富翁遊戲。沒有資產的人，就如同在大富翁遊戲當中只領固定薪水的人，這樣有辦法贏過那些買地蓋房子、蓋飯店的人嗎？」

「大富翁啊……小時候常常和爸一起玩……爸每次都買下首爾和紐約，害我繳過路費繳到破產，還因爲這樣哭了好幾次。」

「你一直在馬尼拉蓋飯店，造成虧損。在低價地段花大錢蓋飯店，並不符合金錢的邏輯。當時你媽都故意讓你，但我刻意不讓。本來還想教你怎麼輸呢。」

光秀想起過去，露出淺淺的微笑。

永賢再次發問：

「叔叔，景氣不好的時候，沒有房子不是相對有利嗎？沒買房子的朋友最近都替我們擔心。」

「人們實在花太多精力擔心別人了。景氣不好的時候，沒有房子的人與其擔心別人，不如趁機買進，因爲過去的價格回來了。不過，要在景氣不好的時候買房並不容易。」

「下跌的時候怕它繼續跌不敢買，上漲的時候又因爲太貴買不起……」
「你們知道自己買了什麼嗎？」
「公寓啊。」
「不對。」
「咦？我們買的是公寓沒錯啊。」
「別忘了我之前說過的，你們要專注在資產的本質。你們買的是公寓底下的土地。」
「土地？」
「對。說得準確一點，就是買了土地持分。你們知道有多大嗎？」
「我記得是……十三坪左右。」
「那你們就是買了十三坪的土地。」
「公寓和土地有什麼差別呢？公寓建在土地上，價值不是應該以公寓爲主嗎？」
光秀輕輕搖頭。
「雖然兩者都是不動產，但建築物沒有恆久性。」

「叔叔想說的是，建築物總有一天會倒塌，但土地不管經過多久都不會改變，這就是恆久性吧。」

「沒錯，而且公寓有個致命缺點。」

「您不是說，公寓是最安全的資產嗎？」

「『安全』不代表『高收益』啊。」

「也對。那它的缺點是什麼呢？」

「沒有主導權。我們不能單憑自己的想法進行開發，或是採取任何措施抬高它的行情。」

「重新裝潢不就好了？」

「不，裝潢成本很難受到市場認可。」

「那要怎麼獲得主導權？」

「當你持有一○○%的土地時，就可以主動抬高行情。公司股份亦然。我就算有大公司○．○○○一%的股份，也不可能改變什麼政策。但如果我是公司老闆，擁有一○○%的股份，便能想做什麼就做什麼。就像你們現在擁有黃色花椰菜一樣。」

「原來，主導權說的是主動抬高行情的權力啊。」

「沒錯，無論是人生或金錢，擁有主導權，才能走得更遠。」

永賢預約的露營區管理員傳來訊息：

請問您什麼時候會到達呢？

外面天色已經全黑了。

「叔叔，您要跟我們一起去露營區嗎？」

「看來今天會有個浪漫的夜晚。」

三人來到露營區。

光賢和永賢有默契地拿出全套坎佩諾露營用品，開始組裝。

他們接上帳篷的每個骨架，展開摺疊起來的桌椅。

一旁傳來劈啪聲。

光秀趁在他們在組裝露營用品的時候升火。

木炭和薪材的比例剛剛好。
再放進幾顆地瓜。
火點著了。
劈啪。
紅色星火從火堆中彈出，沒多久又害羞地消失無蹤。
他們圍坐在營火旁。
背部雖然很冷，但手和臉很溫暖。
三人望著黃色、橘色、紅色調和而成的火舞。
他們試著抓住舞蹈的節拍，卻因爲持續的不規律，很快就放棄了。
柴可夫斯基的《胡桃鉗》其中一曲〈Departure of the Guests–Night〉透過無線藍芽喇叭流瀉而出，溫柔地圍繞在三人之間。
「爸，今天播放的是高級家電廣告裡會出現的音樂呢。您爲什麼喜歡古典樂啊？」
「聽音樂需要時間和空間吧？」
「是啊。」

「還有一樣東西。」

「什麼?」

「人生的餘裕。」

「爸知道我們活在沒有餘裕也可以隨時聽音樂的時代吧?」

「記得我之前帶你們去的炸雞城堡蓋飯餐廳嗎?」

「記得。啊,我想起來了,那裡也是播放古典樂。」

「記憶力不錯喔。餐廳老闆之所以播放古典樂,是希望上班族至少可以在用餐的時候感受到人生的餘裕。」

永賢將喇叭的音量調高一格。

大提琴、小提琴、中提琴、低音提琴、小號、低音號、鋼琴、單簧管、豎琴各自演奏,隨後又合而爲一。

「在現代這個快節奏社會中,要讓內心保有餘裕並不容易。」

「這就是您聽古典樂的原因嗎?」

「這是其中一個原因。音樂的偉大就不用多說了,而古典樂數百年來始終維持經典不變的眞摯精神,才是我聽古典樂的首要原因。」

「眞摯精神……」

「音樂或許飄渺，從一邊耳朵流入後，轉眼又從另一邊耳朵流出。然而，古典樂卻會隨著歲月流逝，愈來愈深刻。這與你們未來要創造的財富精神一脈相通。」

盯著營火的臉龐，隨著火光閃動出現細微的明暗變化。

藍牙喇叭傳來另一首曲子。它爲三人演奏起布拉姆斯的《B小調單簧管五重奏》，作品編號一一五。

「開動吧。」

他們翻出在營火堆裡烤熟的地瓜。

撥開錫箔紙。

有點烤焦。

該挖掉烤焦的部分嗎？這麼一點不會死掉的，就直接吃了吧。

黃澄澄的。

好燙手。

好好吃。

因爲有好聽的音樂和喜歡的人，食物更美味了。

永賢一直對一件事很好奇。他想了很久，終於開口詢問：

「我從以前就很好奇，您以前買喜格尼爾的時候應該花了很多錢吧。您爲什麼會買下那裡呢？」

「嗯，那個啊……」

光秀想起從前。

・・・

光秀從出生起就住在公寓。

當年大樓沒有現在這麼多，住在公寓不是什麼難為情的事。然而，光秀一家住的半地下房，比一般的半地下房更低，幾乎可以說是地下室。由於擔心別人透過窗戶看見裡面，他們會拉上窗簾，因此屋內總是漆黑一片。光秀從來沒收過聖誕節禮物。他認為，一定是因為窗戶太小，聖誕老人才進不來。

光秀覺得住在地下很丟臉，每天清晨趁大家還沒出門就去上學，晚上則等到天色暗到不會有人認出他的時候才回家。父母因為工作的緣故，比他早出晚歸，他也沒必要待在家裡。每到下雨天，父母擔心漏水，但他反而開心。因為下雨的話，路上就不會有行人了。

放學後，他會在學校拖到很晚才離開。天氣好的時候，他就上南山。他喜歡從高處俯瞰，近看很大的東西，從遠處看都顯得特別渺小，讓他覺得好神奇。

冬天太冷，沒辦法上南山，他就到父母經營的古董店。那裡比家裡暖和。古董店位在一樓，採光良好。站在陽光底下，再冷都可以感受到溫暖。

某天，他為了讓家裡空氣流通，打開窗戶。班上同學恰好經過，和他四目相交。討厭，他為了掩飾家境所做的一切努力都化為泡影。他在心中祈禱那個同學裝作沒看見，安靜結束這件事。

隔天下課時，大部分的同學都還沒離開教室，教室裡卻格外安靜。就在這時候，那個同學大聲對他說：

「你們家是在地面吊單槓嗎？」

他的心一沉。

「你是地鼠嗎？該不會每天要挖洞吧？如果不小心挖到地球另一邊的阿根廷怎麼辦啊？哈哈哈！」

同學們開始笑他是地鼠。他好討厭上學，也不喜歡回家，倒不如去古董店。東拼西湊那些奇奇怪怪的東西，時間很快就過去了。

幾天後，那個同學帶著冰淇淋到古董店向他道歉。

・・・

光賢安靜地聽光秀說故事。聽完以後，他小聲說：

「原來發生過那種事。爺爺只聊古董店，沒聽他說過房子的事。」

「因爲我們面對心愛的人，只想說好話啊。不過，我從來不曾討厭父母，他們總是都幫我準備豐盛的飯菜。」

「突然好想吃奶奶煮的飯菜喔。」

光秀沉思了片刻，繼續說：

「從前的匱乏感或許影響了我的選擇，說什麼都想住在韓國最高的地方。

有時候，一點點的匱乏感也會成爲自我成長的一大動力。除此之外，我蓋房子的時候，總是盡可能把窗戶做得很大，說不定也是因爲那樣的過去。」

「老實說，多虧了爸爸，我從小什麼都不缺，實在不太懂匱乏感。」

「你現在就在感受啊。」

「我嗎？」

「從另一個角度來看，比不上別人的感覺也是一種相對匱乏。匱乏感不一定來自小時候的不幸。」

在一旁聽著這段對話的永賢問光秀：

「笑叔叔是地鼠的人，現在在做什麼呢？」

光秀遲疑了兩秒，不知道該不該回答這個問題。

「永賢，你聽完不要生氣喔。那個同學是我最好的朋友，永哲，也就是你爸。」

「叔叔……」

永賢不知道該把視線放在哪裡，低下了頭。

營火劈啪作響。

紅色星火彎彎繞繞地飄向空中。

「沒關係的，都過去了。」

「我爸居然說了那種話……真的很抱歉……」

「我說這些，並不是爲了要你道歉。我接下來要說的，才是我眞正想說的話。」

永賢再次抬頭看光秀，眼眶有點濕濕的。

光秀說道：

「人很難擺脫過去。出身貧困家庭的人埋怨父母傳承貧窮給自己；沒讀過書的人埋怨環境讓自己無法接受教育；想打籃球卻太矮的人埋怨祖先留給自己矮小的基因。可是，我們活在當下，過去只是過去。」

「對當下來說，過去扮演的角色確實很重要，不是嗎？」

「決定我是誰的，不是當下的狀況、環境、條件，而是自己。除了『我』以外，任何人、事、物都不能決定我是誰，或是對我做出評論。」

「我想說的是過去對當下的影響。」

「所謂的過去，不過是當下的自己重新詮釋的回憶罷了。」

「咦？叔叔之前不是說，過去的習慣造就現在的我嗎？」

「習慣和過去是兩回事。好好想一想，你有沒有那種當下很辛苦，但現在可以笑著說的回憶？」

「當然有。不過，那些辛苦的回憶，都沒有像我爸帶給叔叔的創傷這麼嚴重。」

「我當時的確很傷心，但現在不痛不癢了。」

「是因爲過了很久了嗎？」

「或許吧。不過說到底，對過去做出評論的，其實是現在的我。」

「是這樣嗎？」

「當我回想以前住在半地下房的日子，都會想起父母每逢雨天就擔心漏水，坐立難安的樣子。那時候，我超級討厭那間和洞穴沒兩樣的房子。如今，我到了他們當時的年紀，想到父母那時候背負著無論如何都要離開那間房子的責任感、讓子女看到這種不堪樣貌的羞愧感、害孩子被嘲笑的虧欠感，就覺得他們好辛苦。假如我拿過去當藉口，說我就是窮大的，沒錢也是情有可原，世人會爲我惋惜嗎？以奇怪的方式表達自卑的人，一直被困在過去，才會無法活在當下。」

「可是，我看電視上那些精神科醫師都說要試圖了解過去發生的事，分析那件事對現在造成的影響。」

「試圖了解過去發生的事，這並沒有不對，但賦予它意義的，依舊是現在的我。」

「好難喔。記憶早已深植腦海，要改變它似乎不太可能。」

「因此勇氣不可或缺。被過去記憶束縛的人絕對成不了富人。成爲富人的，都是克服傷痛、勇往直前的人。做生意需要勇氣，投資需要勇氣，面試心儀的工作也需要勇氣。」

「所以我必須重新詮釋自己的人生。」

「沒錯。不管你多聰明，缺乏勇氣的話，就只是一個聰明的人，而不會成爲一個有成就的人。『要是當時我這麼做就好了』、『早知道就買了』，這些都是缺乏勇氣的人常說的話。換言之，無論你的文憑有多厲害，成績有多高，職業有多好，出身有多麼了不起，都不能定義現在的你。以怎樣的心態反覆思考和行動，將決定現在的你是怎樣的人，也會決定你未來能否成爲富人。」

營火依舊劈啪作響，飄起點點星火，悄悄滲入夜空。永賢的心彷彿也生出點點星火，發出劈啪劈啪的聲音。

★

清晨時分，光賢和永賢無法動彈。

睡袋外面冷得像是西伯利亞，關節如生鏽的鐵件般嘎吱作響。光賢踢開睡袋，站了起來。

「永賢！圓滾滾滾滾。」

「呃，好冷。幾點了？」

「圓滾滾滾滾。」

「你在幹麼啦。」

「圓滾滾，啊，圓滾滾的太陽升起了。快點起來，臭小子。」

「這樣好玩嗎？」

「不好玩嗎？」

「我的心情就像看著三星的員工親吻 iPhone 的李在鎔※。」

「肖想當李在鎔啊。我們去海邊散步吧。」

兩人走到海邊。有人在慢跑，有人在遛狗，也有情侶手牽著手……大家一早就很勤奮呢。

昨天放煙火的垃圾還遺留在沙灘上。他們走向海浪打得到的地方。海浪從遠處朝著沙灘奔騰而來，產生許多氣泡，然後唰一聲四散開來。有的看起來是濤濤巨浪，卻一到岸邊就無助消失；有的看起來不過是小小浪花，卻猛然打到腳邊。

他們遙望遠方，遠方的海洋幾乎沒有動靜。水平線下的深海相當平靜，靠近沙灘的淺海浮躁不安。

現在的我們也是浮躁不安嗎……

甫升起的太陽拉長了他們的影子，柏油路上的倒影顯得僵硬，沙灘上的倒影卻十分柔和。

他們走在沙灘上，感受著柔軟的觸感。

走著走著，兩人的肚子咕嚕咕嚕叫。他們來到附近的刀削麵店，推門走了進去。老闆娘正在看電視，東草當地的報紙攤在桌子上，頭版以粗體字大大寫著：

七樹飯店經營者捲款潛逃，投資者集體提告

「光賢，這不是龍八說的……」

「有人虧大了。唉……」

永賢想起剛才在沙灘上看到的煙火垃圾，光秀說過的話浮現腦海：

「煙火很華麗，卻是一時的。它的閃耀光芒轉瞬即逝。你們要和陽光、月光、星光一樣，成為隨時隨地都能看見的存在才行。」

他們查看龍八的ＩＧ，以往他每天都會上傳一張裝模作樣的照片，已經一個月沒更新了。光賢默默關掉應用程式。

這時，他們收到了光秀傳來的訊息：

*現任三星集團會長。

有空的時候來一趟市政府的工地。

他們迅速吃完刀削麵，前往工地。工地在山坡上，高度不低，市政府新址選在這裡頗爲奇怪。

下車的時候，風大到車門差點關不起來。猖狂的風聲掠過耳邊，甚至掩蓋了鎚子敲擊聲和焊接的聲音。

光賢和永賢找到站在遠處監看工地的光秀，朝他走去。強勁的風吹得他們寸步難行，四周的樹木全部朝著同一方向傾斜，只差沒有倒下。地板尚未完工，飛舞的風沙飄進了他們的嘴巴。

「呸呸，爸，這裡風也太大了吧？」

光秀雖然因爲風勢緊皺眉頭，還是對他們露出潔白的牙齒，燦爛微笑。

「上去看看吧。」

只有骨架的建築可以上去？

光賢小時候曾出於好奇進入社區的工地，但長大後還是頭一次。他們戴上安全帽，大步避開散落一地的材料，走向樓梯。他們順著樓梯往上爬，風聲愈來愈大，褲子擺動的次數也變多了。一到頂樓，他們立刻發出感嘆：

「哇！」

遼闊的大海在他們眼前展開，剛才在海邊看到的景色根本無可比擬。

那一刻，就算風大得像颱風也無所謂了。

不過，那也只是暫時的，令人睜不開眼睛的強風再度折磨他們。為了戰勝風聲，永賢近乎吼叫地向光秀提問：

「叔叔，風大成這樣，房子不會倒塌嗎！」

光秀緊抓安全帽，對他說：

「享受這陣風吧！當作你在搭郵輪！」

永賢和光賢一邊遙望海洋的盡頭，一邊張開雙臂感受風。感覺果然就像站在一艘大船上一樣，頭髮和衣服不停飄揚，啪嗒啪嗒、啪嗒啪嗒。從期中考、期末考、補習班、大考、入伍、戀愛、事業、投資、人際關係感受到的壓力和累積至今的情緒垃圾，似乎全部被吹走了。

光秀也看向海。

「不管是市政府，還是首爾的房子、平澤的工廠，我都採同樣的設計！」
「爸！你說的是什麼意思啊！」
「我的意思是，無論風多大，我都不會改變設計！」
「難道這裡是以無風爲前提做設計的嗎！」
「不是！就算在沒有風的地方，我也會假定那裡的風比這裡更大！風和地震可是促進了人類建築的發展！」
永賢和光賢不明白光秀的意思。
強風再度吹來。
「你們爲什麼投資！」
「因爲不動產上漲的幅度好像比我們的收入更多！」
「原來你們期待不動產上漲啊！」
「沒錯！」
「你們祈禱過嗎！」
「那倒是沒有！」
「哈哈哈，很好！投資靠祈禱或期待是沒用的！你們要做的是通盤計畫！

說到投資，大部分人只想到買進，但那只是起點！漲跌不過是數字！不會對我們帶來任何利益或收入！所謂的投資，必須在賣出的時候閃耀光芒！」

「我們還沒想到那裡！」

「投資和做生意一樣，必須想好你要賣給誰，要怎麼賣！」

「那要什麼時候賣呢！」

「當你想買更好的資產時！資產太過單一，需要重新調整投資組合時！急需現金時！稅務問題變得複雜時！」

「好像聽懂了，可是做起來不容易啊！」

三人往同一個方向看，強勁的海風迎面而來。

「你們以後會遇到更強大的風！記得從中學習，到老都要學習！」

「哎呀，到老都要學習！聽起來就可怕！」

「人生不是只有變老而已！這是逐步切割我們內在的巨大原石，將它打磨成璀璨鑽石的過程！」

匡噹、匡噹、匡噹。

鐵鎚敲擊鋼筋的聲響，宛如在提醒他們結束對話。

「好冷啊！下去吧！」

回到地面後，他們發現風溫和許多。

光賢和永賢向光秀道別，啓程回首爾。他們開著Ray行經收費站，它雖然屬於輕型轎車，內部空間卻與中型轎車同樣寬敞，CP值出眾。

昨天看到的那架飛機正飛向首爾。

11. 成功、致富、賺大錢

永賢和光賢買下一個露營區，距離首爾大約一小時的路程。

營區被茂密的森林環繞，附近有個水庫。以前的業者沒有好好經營，沒什麼客人，免不了虧錢，但它的地理位置看起來實在不錯。

他們重拉電路，擴建廁所和浴室，還在許多地方設置漂亮的告示牌，方便大家找到從主幹道進入露營區的路口。此外，他們以貨櫃屋搭建了一個簡約的辦公室，備齊販賣部的庫存，鋪平地面上的坑坑洞洞，做好萬全準備。

他們在黃色花椰菜的官網宣傳露營區，很快就吸引來大量人潮。

永賢和光賢在辦公室裡放了一張摺疊床，以週爲單位輪流駐點。

★

溫暖的春天快要結束，炙熱的夏天即將來臨的某個晚上。

永賢在睡前打開了貨櫃屋辦公室的窗戶，嘰嘰喳喳的蟲鳴與夜風下沙沙作響的樹葉聲聽起來還不錯。不必蓋棉被也不會冷的溫暖空氣在臉頰周遭打轉。迎面吹來的清風讓人慢慢闔上雙眼，就在這時候……

轟隆隆隆隆，轟隆隆隆隆。

突然傳來電鑽的聲音。

他大吃一驚，打開辦公室大門衝了出去。

外面一片漆黑。

沒看到任何人。

也沒看到任何東西。

永賢楞在原地。

轟隆隆隆隆，轟隆隆隆隆。

啊……是離辦公室最近的帳篷傳來的……打呼聲。

沙沙沙沙。相鄰的帳篷走出一名男子，他往永賢的方向走了過來。

「老闆，隔壁帳篷的人打呼好大聲，我根本睡不著。這樣下去，要是我小孩被吵醒，他一哭大家都不用睡了。快想想辦法吧。」

啊，那個人又不是故意吵鬧，我能怎麼辦？

此時。

嗚哇哇哇哇……

小孩哭了起來。

轟隆隆隆隆，嗚哇哇哇哇，轟隆隆隆隆，嗚哇哇哇哇……

深夜裡的打呼聲和嬰兒的哭聲，如同交響樂傳遍露營區。

四面八方傳來咒罵聲。

他腦筋一片空白，身爲露營區主人該如何是好呢？怎麼做才對呢？

永賢走近發出打呼聲的帳篷，小心翼翼地搖晃它。

安靜下來了。

一分鐘過後，傳來耕耘機運作的聲音。

他再度搖晃帳篷。

安靜下來了。

一分鐘過後，傳來翻斗車超速的聲音。

他三度搖晃帳篷。

安靜下來了。

永賢就這樣時不時搖晃帳篷……直到早上七點。

黑眼圈快掉到下巴的永賢打電話給光賢。

「光賢，我遇到一個問題。」

「酒不夠嗎？還是不敢一個人睡？」

「不是啦。以我們露營區的型態來說，如果出現吵鬧聲，整個露營區都會很吵，尤其是晚上的時候。」

「那裡是露營區，又不是考試院，大家早就有心理準備了吧？」

「人總是要睡覺啊。昨天晚上有個大叔打呼，害得嬰兒大哭，大家都被吵醒了。」

「你怎麼不在他的鼻子種一顆可以降噪的 AirPods 豆芽？」

「我不是在跟你開玩笑。我們應該在帳篷之間築牆。」

「築牆？行得通嗎？」

「不然有隔音帳篷嗎？」

「隔音帳篷？哪有那種東西？啊，不對，我們問問麗娜吧。」

光賢發了一封電子郵件給麗娜。

收件者：麗娜
副本：艾蜜莉亞；永賢
內容：嗨，麗娜。隔壁帳棚太吵的時候，妳有什麼好辦法嗎？比如隔音帳篷之類的東西。

幾小時後，他收到了回信。

收件者：光賢
副本：永賢；艾蜜莉亞
內容：你怎麼這麼久才聯絡我，我明天去韓國。
PS：雞腳好好吃，不過我不敢再吃了。我很好奇那個摻入啤酒的綠色瓶子裡裝的究竟是什麼。

光賢和永賢在仁川機場出境大廳等待麗娜。
這次的心情和第一次見面的時候很不一樣。

他們遠遠就看見麗娜走過來。她推著機場推車，上面放了一個很大的箱子。

麗娜換了新髮色，介於淺灰與白色之間，還參雜了一些紫色挑染。她的雀斑變多了，完全是隻九尾狐啊。她穿著熱褲和背心，讓人很難不注意到那些華麗的刺青。

「麗娜！我們在這！」

「光鮮！永鮮！」

「Welcome to Seoul.」（歡迎來首爾。）

光賢和麗娜輕輕擁抱對方。

永賢接過麗娜的機場推車。

「搭了這麼久的飛機，很累了吧？我們先到飯店放行李吧。」

「你在說什麼啊？當然要先去你們的露營區啊。快走吧！」

她的活力無人能敵。

他們隨即動身前往露營區。

一抵達露營區，麗娜立刻打開她從德國帶來的大箱子。

「光鮮，永鮮，你們認眞看喔。」

她使勁攤開所有配件，一一組裝，很快就搭好帳篷。

它的分量和以往看過的帳篷截然不同。

「麗娜，這是什麼帳篷啊？」

「隔音帳篷，坎佩諾的新產品。」

「我昨天才問妳，你們就做出來了嗎？」

「當然不是。上次來韓國的時候，我接受一名記者的採訪，他跟我說韓國人不喜歡露營的原因就是蚊子、廁所、噪音。蚊子和廁所我們無計可施，於是研究了如何隔絕噪音，最後做出了這個。哈哈哈。」

新帳篷看起來很重，有點像結實的海綿，又有點像床墊。

大家會接受嗎？

「我們使用高密度隔音材料，總共壓縮了三十五次。第一次做出來的樣品超級重，組裝也很困難，所以我們調整結構和材料很多次，還進行了各種測試，好不容易改成這樣。你們覺得如何？」

「確實和我們以往看過的帳篷不同……但不會太重嗎？」

「喂，光鮮、永鮮，你們會從家裡拖著帳棚到露營區嗎？不是都開車來的嘛。讓我看看韓國人的力量吧！而且，除了隔絕噪音以外，這個帳篷還有另一個眞正的優點，那就是……」

「是什麼？快點說啦。」

「保暖！就算是酷寒的冬天，只要在裡面開電熱毯，馬上就像在做三溫暖一樣。有了它，冬天也可以露營！我們可以靠它滿足冬季露營的市場需求啦！哈哈哈。」

永賢開始烤肉，光賢整理桌子。

此時，一個戴墨鏡的男子走向他們，問了麗娜各種問題。

他拍了很多帳篷的照片，甚至摸了摸它，做出這個帳篷看起來眞棒的手勢。

「永鮮，肉烤好了嗎？」

「嗯！開動吧！」

三人開始吃烤肉。

「嗯～韓國牛排果然是最棒的。永鮮，你有準備上次那個綠色瓶子嗎？」

「當然。不過這跟威士忌或紅酒很不一樣喔。」

「我喜歡新東西！我這次不混啤酒，直接喝看看。」

麗娜遞出啤酒杯。

「沒、沒問題嗎？這有點苦耶……況且燒酒要用這種小杯子……」

「永鮮！我可是來自啤酒宗主國的人耶！還不快幫我斟滿！哈哈哈。」

她嬌媚的聲音滲透露營區的每個角落。

我們好像是露營區裡最吵的一群人。

露營區主人吵鬧的話，感覺會被露友要求退費。

「麗娜，我們要不要到帳篷裡吃？我想測試一下隔音效果。」

「好啊！我們進去吧。」

三人帶著酒和下酒菜進帳篷。

「你們兩個！坐好了。給你們看看坎佩諾的技術！」

麗娜關上帳篷的前後門，也關上了敞開的窗門。

關上所有門窗後，有如同時戴上沉重的耳機和厚重的耳塞。四周變得異常安靜，彷彿漂浮在與世隔絕的宇宙之中。

「無論我們或外面有多吵，裡外都是徹底隔絕。快給我燒酒！」

不知道是不是因爲少了自然噪音，麗娜的嗓門聽起來更大了。

永賢將燒酒倒入麗娜手中的啤酒杯。

只倒了燒酒杯的分量。

「咦？永鮮！你應該要倒滿吧。」

他按照指示，多倒了半杯以上。

「韓國乾杯的時候說『鏘』，我們德國說『Prost』。祝我們生意興隆！Prost－！」

「Prost－！」

麗娜一口飲盡啤酒杯裡的燒酒。

「麗娜，妳還好嗎？這和啤酒不一樣耶。」

「咳……好嗆。我知道韓國迅速發展的原因了！就是因爲夠嗆！我想跟你們說個提案，這帳篷一定會暢銷，但考量在德國的製造成本和寄來這裡的物流成本與時間，要回本不容易。你們要不要自己在韓國生產？我們只收專利費，東亞地區的產銷權都給你們。」

「妳叫我們……自己生產嗎？」

「嗯！怎麼？不行嗎？你們可以的！你們可不是單純轉賣坎佩諾產品的賣家，你們是沒有天花板的公司所有者，當然要製造、行銷、販售啊！」

他們去德國之前，光秀說過類似的話。

「嗯……我們試試看。我們也能在中國和日本銷售嗎？」

「對。不過，根據我們的調查，中國人本來就很吵，所以他們不太在意別人吵不吵，而日本人很安靜，所以沒有隔音帳篷的需求，我們知道的大概就這些。你們多深入調查，應該就能找到市場。這個帳篷不只隔音，還可以保暖。喔，我頭好暈……感覺世界在旋轉……地板怎麼飄起來了？」

「麗娜，妳沒事吧？」

「地板衝著我來耶，我要跌倒了。好奇怪。話說回來，你們想像過自己的未來有多美好嗎……」

碰。

麗娜就這樣睡著了，嘴裡還含著一整把的頭髮。

「光賢，這裡面真的很溫暖耶。外面的風完全吹不進來。」

「這已經不是溫暖，而是熱了。我覺得自己在活火山裡泡岩漿半身浴。」

★

永賢和光賢與坎佩諾談妥專利授權，找了一家值得信任的帳篷製造廠商，開始生產隔音帳篷。成品的隔音效果與麗娜帶來的樣品近乎相同。

隔音帳篷如預期大賣，得益於此，冬季露營需求比往年增加了三〇%以上。媒體稱這是一場露營改革，大肆報導了黃色花椰菜的成功。

幾天後，他們收到了一個古黃色文件袋。

寄件人：柯維拉

收件人：黃色花椰菜

內容：祝賀貴公司生意興隆。遺憾的是，經確認，收件人已侵犯寄件人專利權，我方要求立即停止侵權行爲與販售商品，否則寄件人將依《專利法》提出民事和刑事訴訟。針對上述內容，請於兩週內給予有誠意的回覆。

光賢搓著鼻子下方，開口說道：

「柯維拉那些傢伙，寫什麼祝賀貴公司生意興隆啊？」

「我們看過那麼多帳篷，從沒見過這種隔音帳篷啊……必須查查他們的底細。不對，我明天要相親耶。」

「交給我吧，你先去剪頭髮，記得順便刮鬍子。如果想知道欲擒故縱的技巧或相親絕招，儘管問我，我可是這方面的專家。」

「你明明沒談過戀愛。」

★

男女在尷尬的氣氛當中對坐，他們面前各放了一盤義大利麵。

女生是蒜香橄欖油義大利麵。

男生是粉紅醬義大利麵。

「你有什麼嗜好呢？」

從來沒有的東西，該說什麼才好呢？

與此同時，永賢腦海中想的都是如果真的被告侵權怎麼辦。

「嗯……那個……」

「沒關係啦，我也沒有嗜好。日子得這麼忙，培養嗜好談何容易。真要說的話，我平時最喜歡的就是發呆，週末則是補眠。」

「啊……好喔……」

「那你有夢想嗎？」

「那……那個……啊……嗯……」

「不說也沒關係。擁有夢想是很奢侈的一件事，除了小時候……」

「我想成爲富人。」

「眞的嗎？」

「對。成功、致富、賺大錢是我的夢想。妳呢？」

「我也是。賺很多錢、成爲富人是我的夢想。」

「哈哈，眞有趣。居然有人的夢想和我一樣。」

「是啊。我怕別人說我愛錢，從來都不敢跟別人說這件事。」

「這樣啊。我以前也不敢說，但有位我很尊敬的長輩告訴我，若是賺錢的方法和想法正大光明，大可心安理得。從那時候開始，我就決定理直氣壯說出自己的夢想。」

「哇，我們似乎合得來。」

「哈哈，對啊。妳喜歡自己現在的工作嗎？」

「嗯。雖然我經營的髮廊現在只有五坪大，也沒有請員工，不過我會好好經營，讓它從社區髮廊發展成連鎖店。我想打造出 Park Seung Chol Hair Studio 或 Juno Hair 那樣的連鎖品牌，不對、不對，我要比他們更好。這個夢想太遠大了吧。」

「妳辦得到的。」

「咦？」

「如果是貞雅妳的話，一定辦得到。」

「喔……我還眞有點不知所措。通常我這麼說的時候，大家都會說我是不是瘋了，你是第一個肯定我的人。」

感覺這個女生不錯。午餐和咖啡就都由我買單吧。永賢心想。

感覺這個男生不錯。我買單的話，不知道會不會傷到他的自尊心。等一下的咖啡和下次約會就由我請客吧。得先跟他講好才行。貞雅心想。

他們走進星巴克，坐在窗邊的座位。鬆軟的沙發之間擺了一張矮圓桌，恰如其分地填補了兩人的距離。

永賢不禁想起之前和光秀在星巴克聊的事情。

「妳對星巴克有什麼看法呢？」

「在我的髮廊旁邊，有一家專賣炸雞蓋飯和辣炒豬肉蓋飯的餐廳。餐廳老闆是我的客人，他說他有一間房子租給了星巴克，然後用租金在江南買了另一間房子。我那時候才知道，富人不是在星巴克喝咖啡的人，而是租房子給星巴克的人。所以我想……星巴克應該是個好工具，可以讓人致富的那種。」

表情開朗，有禮貌，金錢觀良好。

太棒了，我一定要跟她交往。

嘰咿咿咿。

是光賢打電話來。

「喂，相親男。你應該不會小氣地要求對方ＡＡ吧？」

「怎麼了？說重點。」

「確認專利內容以後，我發現柯維拉做過和我們類似的產品，只是隔音效果不好，組裝也不容易，所以沒有量產，更別提對外銷售了。總之，他們只申請了專利。可是大企業不好對付，他們有心的話，絕對可以讓我們停止銷售和生產。」

「眞令人頭痛。」

「但是，他們申請專利的日期是麗娜帶樣品來韓國的隔天。」

「什麼？」

「那天或許有柯維拉的人看到我們的商品，回去就馬上申請專利。」

「該不會是那個戴墨鏡的……」

「有可能。怪不得他在那邊問東問西，摸這摸那……」

「眞令人無言。我知道了，晚些再聊吧。」

「嗯，你現在就專心約會。上廁所的時候，一定要檢查牙齒縫隙有沒有卡到辣椒粉。」

「又在說廢話了，我先掛囉。」

貞雅看到永賢露出嚴肅的表情，便問道：

「發生了什麼事嗎？」

永賢向貞雅說明最近發生的事。

「我介紹一個朋友給你，他有律師和專利代理人執照，聰明能幹，一絲不苟，打官司從來沒輸過。我的國中同學當中，就他最有能力、最有錢。」

★

永賢開始了他的第一次戀愛。多虧貞雅國中同學的幫忙，黃色花椰菜在長達十三個月的訴訟中取得了最終勝利。

然而，由於訴訟期間的生產禁令，他們積壓了一堆原料庫存，加上柯維拉透過媒體炒作，誤導大眾認爲黃色花椰菜做了非法的事，致使他們失去了比金錢和時間更重要的東西，也就是顧客的信任。

「光賢，俗話說得對，得到愈多，失去愈多啊。」

「至少你得到女友了……而我……」

「啊，眞抱歉……」

光賢和永賢覺得委屈，不過，他們將這件事視爲成長的過程。

儘管生氣，但他們知道，後退一步，是爲了前進兩步。

他們在這次經驗學到了危機中自有轉機。

12. 富爸爸的致富課

名列全球前三大管弦樂團的維也納愛樂樂團將在釜山進行公演。光秀決定前往釜山。

光賢和永賢剛好要到釜山拜訪生意夥伴，便與他同行。光秀住在蠶室，於是他們在鄰近的水西站搭乘SRT列車。不同於KTX※，SRT只有一節商務車廂，光賢憑藉快手成功預約到末班車。

上車後，他們發現商務車廂裡沒有其他人。不對，後方坐了一個大塊頭。

不久後，傳來輕柔的音樂和開朗的車內廣播：

「本列車是二十二點四十分從水西站出發前往釜山的SRT第三七九號列車。列車即將出發，請再次確認車票……」

列車緩緩啓程，平穩地宛如在冰上滑動。車速愈來愈快，窗外的景色快速消失在他們身後。

「爸，要喝飲料嗎？我們去販賣機買幾罐。」

「不用了，你們喝吧。」

光賢和永賢來到販賣機前，永賢選了葡萄汁，他自己則選了椰子汁。回座位時，他們拿了一瓶商務車廂提供的礦泉水給光秀。

三人開始討論停留釜山期間的日程表，說著說著就聊起了工作。

「……當時任職的公司倒閉以後，我改做建材批發。因爲我覺得做批發比做建商簡單。」

「沒想到叔叔做過批發。」

「我很快就沒做了。啊，不是不做，是做不起來。」

「咦？倒閉了嗎？」

「我在職場只學過怎麼蓋房子、蓋工廠、蓋商場，卻跳到另一個完全門外漢的領域，只因爲看起來比較簡單，那當然會失敗。」

「啊……我還以爲叔叔一下子就成功了。」

「有了那次失敗經驗，我終於明白，挑戰自己不會的事情並不重要，做好自己擅長的事情才要緊。」

光賢緊握果汁罐。

「爸在投資和做生意的時候，最害怕什麼？」

＊SRT和KTX皆爲韓國的高速鐵路，前者爲SR公司經營，後者爲韓國鐵道公社經營。

「怕變得自滿或怠惰，就這兩樣。」

「那種時候，爸都怎麼克服的呢？」

「我在浴缸裡放滿了冰塊，然後待在裡面反省，直到我不再覺得冰冷。」

「我還以爲爸喜歡泡冰水耶。」

「小時候聽我爸說過，他到叔叔家時看到浴缸裡放滿了冰塊。」

「當時我幫永哲公司的會長蓋新房子。會長希望建築物具有流線感，展現女性柔美的感覺，我們花了兩年的時間設計出類似雪梨歌劇院的不規則曲面，並經過九次以上的檢討修正，才開始動工。由於每個區域的曲面都不一樣，過程中必須不斷調整材料和工法，是難度極高的案子。可是那段期間，我手上同時有好幾個案子，加上會長的房子是住宅，而非大樓，所以我把它看得太簡單。等到外牆工程結束，我才發現不太對勁。彎度較大的曲面出現縫隙，部分區域甚至對不上玻璃模組。我本來以爲是施工的問題，畢竟要組裝的東西相當多，但不管我和施工小組複查多少次，都沒有發現任何問題。我回到辦公室繼續研究，一星期後找到了設計的問題點。我們以一般曲面的搭接方式施作不規則曲面，因此出現瑕疵。」

「後來怎麼辦呢？」

「我能做的只有重新檢討外牆建築工法和材料。重新購買所有建材與零組件，雖然賠了很多錢，卻也讓我獲得自省的機會。」

「失誤也是在所難免吧……不是嗎？」

「人非聖賢，孰能無過。但我其實早在設計階段就知道這個工程不好做，卻依然得過且過，使用一般的工法和材料。那不是失誤，是我太自滿、怠惰，才會釀下錯誤。」

永賢原以為光秀一生順遂，知道他背後的故事之後，不禁大吃一驚。他望向光秀深邃的眼眸。

永賢曾經在書上讀到，人會在閒暇時發現幸福。像叔叔這樣每天努力生活、毫無閒暇，他幸福過嗎？現在幸福嗎？

他吞下葡萄果粒，開口問道：

「叔叔藉由投資和做生意賺了很多錢，您幸福嗎？」

「你怎麼會這麼問？」

「隨著公司發展、投資金額增加，壓力也會更大，我很好奇幸福感會不會受到影響。」

「大多數的人將幸福當成目標，不過那是錯的。」

「難道不是嗎？賺大錢、找到好工作，不都是爲了幸福嗎？」

「幸福不是目標，而是繼續向前的路。」

「繼續向前的路？」

「幸福其實常伴我們左右，要是將幸福當成遙遠的目標，就感受不到幸福了。小確幸天天都有，比如洗完澡、吹乾頭髮的時候；大啖美食的時候；看一部有趣電影的時候；冷得瑟瑟發抖、可以進到屋內取暖的時候；與可愛寵物互動的時候。因此，我們可以將致富當成目標，但幸福不行。換句話說，賺錢的過程絕對能感受到幸福。金錢雖然買不到幸福，卻可以買到許多讓我們覺得幸福的東西。」

「叔叔買的東西當中，最讓您感到幸福的是什麼呢？」

「這個啊，當然是『自由』。」

永賢想起了他的第一份打工薪水，儘管金額不多，卻讓他第一次感受到不必依賴父母的零用錢，可以做自己金錢主人的自由。

剛才咬著椰果的光賢也發問了：

「自由的意思是想做什麼就做什麼嗎？」

「自由的人拒絕做某件事的時候，不需要找藉口。」

「聽起來很帥氣呢。」

「另一個說法是，可以活出自己的人生價值，不受到任何事物的限制。反過來說，毫無意義的人生並非自由。」

「每天吃喝玩樂也很棒啊。」

「那不是自由，是怠惰。」

「怠惰不也是一種自由嗎？」

「怠惰和從容的概念天差地遠。」

「好像眞的不太一樣……」

「怠惰意味著我擺脫不了懶惰的束縛，從容意味著我可以按照自己的想法調整生活節奏。知道差異在哪了嗎？」

「嗯，雖然不是很懂……」

「想像有塊大岩石從山上滾下來，它沒有自己的想法，只是不斷滾動。沿途撞到其他石頭和樹木，變得愈來愈小，從大岩石變成小石頭，從小石頭變成沙子。『想做什麼就做什麼』不一定自由，它更像是拿放棄與妥協當藉口，任由本能支配自己。」

音樂再度響起，車內開始廣播：

「各位旅客您好，本列車即將抵達東灘站，下車時請記得您的隨身行李，謝謝。Ladies and gentleman……」

車門還沒打開，外面已經傳來喧譁的吵鬧聲。一群小朋友上了車，緊隨在後的是年輕的夫妻們。新都市的風迎面吹來。

・・・

光秀讀小學時，學校做過一份針對全校學生的問卷調查。他填上家人和地址，然後在「給老師的話」一欄寫上「希望老師不要噴口水」。他流暢地回覆了每道問題，唯獨一題以外，那題問的是夢想。

夢想說的幾乎就是志願。那時候的光秀沒有夢想，對他而言，睡覺時做的夢更稱得上夢想。他不停轉動手上的筆，眼珠也不停轉動。他想看看別人都寫些什麼。科學家、教師、歌手，實在沒有共鳴。

談到夢想，光秀腦海中浮現的都是「在天上自由地飛」之類的東西。但如果那樣寫，應該會被當成奇怪的小孩吧。於是，他寫了「木匠」。之所以選擇這個職業，純粹是因為坐在他隔壁的同學寫了「牧師」。

光秀不能將夢想與志願聯想在一起是有原因的。他父母的兒時夢想並非當古董店的老闆。他認為父母不是不想成為科學家和教師，只是因為某種原因才走到這一步。想這麼多，似乎不太像一般小學生會做的事。

幾天後，老師對他說，光秀成為木匠的話，就能幫隔壁同學蓋教堂了。叫一個想在天上飛的小孩鋸木材、建教堂，實在荒唐至極。但是換個角度想，做出某樣東西，這聽起來頗有挑戰性。

思考過夢想以後，光秀做了更多的夢：聖誕老人送禮物的時候，不從窗戶爬進來，而是從房門走進來。睡覺時蓋在身上的棉被變成魔毯，帶他去世界旅行。他把從天而降的雪全部收集起來，丟到海上，形成一座雪島。

最終，他得出「夢想即自由，自由即夢想」的公式。這個公式直到今天都沒有改變。

・・・

光秀一說完自己童年的故事，永賢立刻說：

「叔叔打破了『夢想即志願』的框架呢。」

「可以這麼說。夢想擁有無限的自由，令人怦然、酥麻、感動。我夢想中的未來藍圖，是個帶有微微感動的未來。」

「叔叔是爲了自由而活嗎？」

「每個人都是爲了自由而活。」

「我們不是生活在自由的國家嗎？」

「你們覺得自由嗎？」

光賢和永賢有點混亂。

自由到底是什麼？明明做著自己想做的事，爲什麼卻不覺得自由呢？

「怎樣才算是自由呢?」

「你們還記得小時候去樂天世界的事嗎?」

「當然記得。」

「想搭什麼遊樂設施隨時都能搭,這就是自由。如果要排隊一小時才能搭上遊樂設施,便是受到排隊的空間和時間所限制。」

「那是不是代表錢可以買到自由?」

「是的。」

「錢可以買到自由,也太殘忍了……這樣沒錢的人不就失去自由了嗎?」

「排隊一小時就行啦。他們沒有失去自由,只是比較不方便而已。」

「眞的是這樣嗎?有錢什麼都行,沒錢萬萬不行。」

「你們爲什麼來找我?」

「我們了解做生意和投資的方法。」

「因爲……我們想賺錢。」

「看吧。別人在看 YouTube 或到處玩的時候,你們爲了賺錢特地抽空來找我。假設不做任何努力的人得到的成果和你們一樣,你們作何感想?」

「似乎不太公平。」

「所以說，貧富差距是無可避免的存在。」

「咦？不對吧。貧富差距不是會讓社會走向毀滅嗎？」

「如果是因爲政治腐敗，統治者掌握所有財富，使得國家陷入貧困，那確實有縮小貧富差距的必要。不過，韓國並非那種情況。」

「可是……貧富差距還是不好吧？」

「你們想想看，假設一個國家沒有貧富差距，不工作的人和努力工作的人都領同樣的薪水和津貼，還會有人想工作嗎？」

「應該沒有。」

「這樣一來，不管是工地、超市、物流、學校、補習班，到處都不能正常運作了。沒有人蓋房子，沒有人生產車子。就算蓋好一間房子，定價肯定也只有財閥才買得起。在我看來，那種情況才是眞正的貧富差距。儘管矛盾，但可以阻止貧富差距擴大的，只有適當的貧富差距。」

永賢和光賢的大腦雖然明白，心裡卻難以接受。他們吞下葡萄果粒和椰果，提升自己的血糖。

「眞正重要的東西，你們現在是看不見的。當你們累積更多知識與經驗，心智愈來愈成熟以後，自然看得見它。因此，沒必要著急，也無需因爲別人走在前面而難受。」

光秀望著兩個年輕人。

「我很高興能對我的兒子光賢，以及我死黨的兒子永賢說這些話。光是看你們成長得這麼好，我已經很幸福了。和你們在一起的幸福，是事業成功、當房東收房租的幸福都無法比擬的。」

永賢本來想開口，卻在掙扎後閉上嘴巴。光秀察覺到他欲言又止，於是對他說：

「永賢，想說什麼就說吧。」

「叔叔明明有慈祥的一面，卻對光賢好冷淡。」

「你確實有可能這麼想。」

「依照叔叔的財力，應該能分一些財產給光賢，讓他過得輕鬆一點吧？」

光秀揮了揮手，堅定地說：

「我不打算留財產給他。」

永賢露出難以理解的表情。

此時，光賢凝視著光秀的眼睛，問道：

「爸對於財富繼承有什麼想法呢？」

「當父母的都會想留點東西給子女，哪怕是一片麵包也好。」

「如此一來，出身貧困家庭的人不就從一開始就處於劣勢嗎？出身富裕家庭的小孩霸占財富，然後代代相傳……」

「這世界從不公平。」

「爸也是這麼想的嗎？財富繼承在社會上是合理的嗎？」

「重點不在於財富繼承，而是貧窮思維會不會傳承下去。令人意外的是，許多富人其實都有貧窮思維。」

「富人怎麼會有貧窮思維呢？」

「踩著別人往上爬，藉此謀財的人，總有一天會被更優秀的人踩在腳下。繼承父母、祖父母的遺產，卻將一切當成自己的成就，大肆炫富的人也會很快就把錢花光。不管是哪種人，都很難走得長長久久。」

「那窮人的貧窮思維又是什麼呢？」

「主張世界一定要公平。」

「公平不是很重要嗎？」

「我再強調一次，這世界從不公平，看看這個人。」

光秀給他們看車銀優*的照片。

「看到了嗎？再看看這個。」

他打開自拍鏡頭。螢幕上出現光賢和永賢的臉。

「怎麼樣？」

「我想，即便是擁有世界最頂尖整形技術的韓國，也無法彌補這樣的極端差距。」

「沒錯。人一生下來，不管是臉蛋、身高、智力、頭髮的濃密度，沒有一件事公平過。」

「知道了……」

「因此，我們必須承認並接受這件事。因爲它既是事實，也是現實。不承

---

*韓國偶像明星，以出眾的外表被稱爲臉蛋天才。

認現實的話，我們會討厭世界，討厭父母，最終連自己都討厭。此外，我們也會討厭財富繼承，討厭富人，認爲金錢是壞東西，並決心不要成爲討厭的人，不要擁有這種壞東西。諷刺的是，這麼想的人往往比誰都渴望得到金錢。」

「這麼說來，不繼承貧窮思維相當重要呢。不過，一無所有的人可以留什麼給子女？」

「他們可以展現不甘現狀、持續努力改善經濟條件的樣子。花時間與子女坦誠談論金錢和職業，擁有堅定的心態，即便收入不高也不悲觀、不沮喪。這些都是能幫助子女成大器、變富有的珍貴資產。我發現，正正當當成爲資產家的過程，有如一條寬廣的朝聖之路，所以想讓你們也體驗看看。」

音樂再度響起，車內開始廣播。

「各位旅客您好，本列車即將抵達天安牙山站，下車時請記得您的隨身行李，謝謝。Ladies and gentleman……」

有個人上了車，手上拿著核桃果子的紙袋，香氣在鼻尖稍作停留，轉瞬又消失不見。

13.

操作槓桿還是被槓桿操弄

列車再度行駛，窗外的風景也跟著改變。

「要是沒有自由意志和勇氣，就算成功，也只是一種逃避。」

「咦？成功怎麼會是逃避？」

「人們以爲什麼都不做、搭遊輪、環遊世界、躺著休息就等於自由，但那不過是在逃避日常。當旅途接近尾聲、休息時間快要結束，即將回到現實的壓力到來之際，人的潛意識會告訴自己『我現在很自由』、『我正在享受這一刻』。」

「可是，旅行和休息確實很令人開心啊？」

「對，做這些事就是爲了讓我們暫時忘卻生活中面臨的問題。出門玩、住飯店，說穿了就是付錢暫住另一個地方，但總有一天還是要回去面對日常和工作。」

「這和您剛才說的成功也是一種逃避有關係嗎？」

「人之所以想要成功，其實是爲了逃避貧困、自卑、不適或不便。我們的生活中存在許多問題，像是壓力、恐懼、責任、擔憂、包袱、精神疲勞、身體病痛。想擺脫它們，有兩條路可以選擇。」

「一條是您所說的逃避現實，另一條想必就是成功了吧？」

「沒錯，你聽懂了。所以我總是跟身邊的人說，既然都要逃避了，不如選擇致富之路。」

「我好難接受成功也是一種逃避的說法。畢竟成功需要經過努力啊。」

「出門旅行也需要努力啊，在那之前不是要先預訂飯店、安排行程、整理行李、花時間移動嗎？」

「這麼說也沒錯……」

「哈哈，我知道你們在想什麼。過去有很長一段時間，我過著近乎逃避的生活。」

「爸嗎？」

「那段期間，我每天像是被什麼追趕一樣，對自己爲何賺錢懵懵懂懂，只是一味朝著成功前進。」

「那現在呢？」

「相較於『逃避某件事』，我更像是爲了『追求某件事的自由』而活。」

「追求某件事的自由……」

「想改變思維，必須先有自由意志和勇氣。這不是一件容易的事，但不至於無計可施。」

「我們該怎麼做呢？」

「利用存下來的起始資金，一點一滴累積資產。第一步就是達成財富自由。一旦財富自由，就不難找到自由。這點在職場內外都通用。」

「說來說去，還是跟錢脫不了關係嗎？」

「錢不是萬能，但也無可取代。達成財富自由，不但可以讓職場生活變得愉快，也能讓我們在當中找到其他意義。雖然我們不能決定出身，但我們每個瞬間的決定都造就了現在的自己。因此，任誰都有選擇與決定，以及按照自己想法做出改變的自由。」

「任誰都有自由嗎……我不太認同。」

「自由來自槓桿。」

「槓桿……你是說貸款嗎？」

「資金槓桿確實也很重要，畢竟它可以帶來未來的資本。」

「我們知道。如果好好運用貸款，就能讓資金以倍數成長。」

「貸款僅僅是槓桿的其中一小部分。槓桿的範疇比你想的還要廣。舉例來說，到醫院看病時，很容易覺得什麼都是醫生說了算，但換個角度想，醫生花那麼多時間學習，不只是爲了賺我們的錢，也是爲了讓我們得到完善的治療，這就是槓桿的思考方式。無論一個人擁有多少名利，我們不能只是仰慕他、羨慕他，還要知道可以怎麼運用。說到底，我們都是在彼此利用。」

「這就是獲得自由的方法啊。」

光秀不再翹腳，在椅子下伸直雙腳。

「目前爲止，我說的都是消費面的槓桿。想獲得自由，必須在生產面操作槓桿。」

「在生產面操作槓桿，是要利用人或制度嗎？」

「消費面的槓桿誰都辦得到，但生產面的槓桿只有客觀評價自己的人才辦得到。」

「既然是生產面，不就只有做生意的人才辦得到嗎？」

「那倒不一定。我之所以強調客觀評價自己的重要性，是因爲大多數的人都被生產面的槓桿操弄。爲了讓一百萬元的年薪變成兩百萬元，投入二十年的時間，然而，二十年後的兩百萬元與現在的一百萬元價值相差無幾，甚至更低。他們卻看不清這點。」

「雖然數字看起來變大了，但以生產者的立場來看，付的錢並沒有差別。這樣的現實也太悲傷了吧？」

「遺憾的是，這些被槓桿操弄的人，如果將他們逝去的歲月也算進去，現實已經超越悲傷，近乎絕望了。」

「爸也是這樣利用員工的嗎？」

「嗯，畢竟我沒辦法凡事親力親爲。」

光賢露出失望的表情。沒想到爸竟然把員工當成「槓桿」。

「爸的員工知道自己被利用，一輩子領的都是等價的薪水嗎？」

「他們當然知道。」

「怎麼會？他們要是知道這個事實，不會不想上班嗎？」

「我每個月會舉辦一次以金錢爲主題的研討會，並提供充分的副業機會給員工。只要他們做好份內工作，我一定會想辦法幫助他們找到自己眞正喜歡的工作，這也是我的使命之一。」

「但是……有能力的員工離職，不是公司的損失嗎？」

「哈哈哈，你連這種事都替我擔心啊。絕對不會。做自己眞正喜歡的工作，不代表一定要離職。有的人天生適合職場，抑或擅長邊上班邊理財。爲了創業或其他契機而離職的人，通常也會在那之後透過各種管道報答我。即便他們沒有這麼做，光是聽到以前的員工在某個地方開開心心做著有意義的事，我也很高興。這世界比想像中還小，冥冥之中自然會再相遇。」

光賢的表情輕鬆許多。在一旁聽他們對話的永賢接著問：

「那麼，除了老闆以外，其他人也可以操作槓桿嗎？我想問的是生產面的槓桿。」

「可以。學習公司的優缺點，便是操作槓桿的起手式。一家歷史悠久的公司得以長年經營，自然有它的道理。這些公司的制度是不斷發揮優點、克服缺點，歷經數十年試錯的成果，千萬不能輕易忽視。成爲這些公司的員工，內化外部人員難以習得的各種經驗，這是操作時間槓桿與機會槓桿的大好機會。」

「無論是做生意的人或上班族，平時都忙於工作，很難有時間思考您說的這些事情吧。」

「拍照時，我們知道要用廣角鏡頭拍近景，用變焦鏡頭拍遠景。但面對自己的未來，許多人卻從未好好審視，更別提廣角和變焦了。認真拍攝了一堆甜點的照片，卻毫不關心自己的夢想？這樣的人說要追求成功與財富，最終只是貪心不足而已。」

「那我們該怎麼做呢？」

「首先，必須好好審視自己正在學習的事、想學習的事、能做的事、擅長的事、想做的事。其次，好好觀察身邊有沒有自己想共事的人，抑或誰擁有自己沒有的東西。從不同的焦點著眼，善用廣角鏡頭與變焦鏡頭，這樣你們就會找到值得賭上未來的某樣東西。」

「似乎不太容易呢。」

「我有個辦法，雖然不保證一定能找到，但可以提高成功率。」

「什麼辦法呢？」

「加入生產者的隊伍。」

「生產者的隊伍？」

「這世界上有兩支隊伍，生產者和消費者。」

光賢吃驚地看著光秀，然後對他說：

「爸，您這麼說不會太資本主義了嗎？也太冷酷了吧。」

「我只說事實，你們自己好好思考。」

光賢面露不快，永賢繼續追問：

「加入生產者的隊伍，似乎是要我們和富人做朋友，但我們身邊不一定有富人或成功的人啊？」

「加入生產者的隊伍，不代表你們要和他們面對面。能夠一起吃飯、聊天固然好，但要和他們直接面對面並不容易。因此，如果你願意相信、效仿自己的榜樣，每當感到懷疑或遇到困難的時候，就重新看看那個人的著作或演講，不讓自己動搖。這樣一來，你和你的榜樣、生產者便成為同一陣線了。」

「我們的運氣眞好，有叔叔教我們這些。如果沒人教我們，光靠自己恐怕很難明白這些道理。」

「運氣嗎……即使從事同樣的工作，也是有人成功，有人失敗。那或許是幸運，也或許是實力，沒有正確答案。」

「運氣眞的很重要嗎？」

音樂響起，車內開始廣播：

「各位旅客您好，本列車即將抵達大田站，下車時請記得您的隨身行李，謝謝。Ladies and gentleman……」

大田站有兩個人上車，各自拎著一個紙袋，上面寫著「聖心堂」。正當他們好奇裡面裝了什麼麵包時，可樂餅的香味逕自飄進他們的鼻腔，突然一陣飢餓。

車門關閉，大家都找到了自己的座位。

列車再度出發。

★

「提到運氣，大家都只想到好事，但這世界上也有壞運。躲過壞運，也算是一種好運。」

「對啊，有些人運氣很差。我曾在書上看到一句話，運氣是自己創造的，那是眞的嗎？」

「半對半錯。有些運氣不是我們可以控制的。比方說，出身富裕家庭、身體健康的小孩，就比出身窮苦家庭又虛弱的小孩更好運。」

「對耶。」

「在這個例子當中，運氣就不是我們可以控制的。此時，我們需要先承認自己的運氣不好，再設法吸引自己能控制的運氣。」

「吸引運氣……是像地心引力那樣的力量嗎？」

「對。這可以從兩點著手，分別是爲我們帶來好運的人，以及爲我們帶來好運的機會。」

「爲我們帶來好運的人……是貴人嗎？」

「哈哈，居然想到貴人。多數人妄想自己身邊會忽然出現擁有一對巨大翅膀、頭戴王冠、氣勢十足的貴人，但眞正爲我們帶來好運的人其實並不顯眼。顯眼的通常是詐騙集團。」

「這樣啊……」

永賢聽著聽著，也加入了對話：

「我爸的運氣好像一直很差，我不確定他是因爲做錯決定，還是因爲工作太忙……」

「我想，他之前應該是因爲走上了沒有運氣的道路，不過他現在已經走在有運氣的道路了。」

「沒有運氣的道路和有運氣的道路……您的意思是？」

「其實每一條路都有運氣，只是我們熟悉的那些康莊大道，運氣早就被別人用光了。」

「這麼說來，艱難的路或沒有人走過的路，還是有運氣囉。」

「沒錯。找到山蔘需要運氣，長在平緩登山步道上的山蔘通常早就被人拔光，但在人跡罕至的深山小徑裡，找到山蔘的機率並不低。」

「雖然艱難、但有運氣的路，是怎樣的路呢？」

「別人不喜歡、不想要、不好走、不方便、沒人想過的。」

「走在那樣的路上，就能抓住運氣了嗎？」

「不見得。然而，這條路雖然辛苦，但持續走下去的話，能夠爲你帶來好運的人和機會，自然會悄悄靠近你。」

「您如何看待那些繼承高額遺產的幸運兒，或者沒做什麼特別的事，單純靠運氣成功的人呢？」

「他們成爲富人或許是靠運氣，但保住財富需要靠實力。憑運氣成爲富人，無異於用稻草蓋高樓大廈。不只窮人會遭遇危機，有錢人身邊同樣危機四伏。唯有靠實力，才能克服危機。」

「話雖如此，有的人不是做什麼都會成功嗎？」

「代表他很有實力啊。遊牧民族在廣闊的沙漠之上，披著晚霞、牽著駱駝，照片看起來很美，但他們每一步都深陷沙中，寸步難行。建築工程亦然。站在圍欄外，看似一天就能蓋好一層，一棟大樓很快就蓋好了。但站在圍欄裡的話，你會發現每一刻都有無數的工程要做。你們一個月賺多少？」

「我們兩個加起來大概二十萬元。」

「你們覺得二十萬元準確反映了你們一個月的工作成果嗎？」

「嗯……應該是因爲有先前累積的努力，才有現在的收入。」

「沒錯。你們現在能夠每個月輕鬆賺進二十萬元，但之前也是賠了很多。爲了獲得這樣的運氣，你們經歷了別人不知道的過程。那些月入四萬元的人看到現在的你們，卻有可能認為『他們天生就很好運呢』。」

「但我們可是累得半死才有今天。」

「就拿你們放棄大學畢業證書這件事來說，做出這個決定相當不容易。」

「的確，現在很少人只有高中畢業。」

「賈伯斯和祖克柏也只有高中畢業。」

「他們是哈佛大學中輟。」

「你們也是大學中輟啊。以後別再說自己只有高中畢業，改說是大學中輟吧。」

「這樣聽起來好像真的比較厲害耶。」

「抱著自己運氣差的心態起步比較好。當你為了像那些好運的人一樣成功，設法活得更有策略與效率的時候，或許就會找到自己的天賦。要是沒有找到，也要堅持下去，因為這麼做將為你帶來真正的運氣。景氣大好的時候，人人都說自己是專家，懂得投資，等到景氣衰退的時候，假貨自然會被淘汰，只留下真正的實力派。」

「我看電視上說，助長不景氣的人與助長景氣的人，會在不同的市場氣氛下登場。」

「沒錯。市場稍有震盪，假貨就會大驚小怪。你們應該看過他們在景氣大好的時候大喊向前衝，景氣衰退的時候吵著要逃跑的樣子吧。然而，眞正的實力派會從長遠的角度看待市場，他們在景氣大好的時候保守應對，在景氣衰退的時候採取攻勢。假貨老是執著眼前的問題，錯過本質，因利率、景氣、經濟狀況、匯率、戰爭等可見指標而動搖，自然會被壓力與焦慮擊潰。」

★

音樂響起，車內開始廣播：

「各位旅客您好，本列車即將抵達東大邱站，下車時請記得您的隨身行李，謝謝。Ladies and gentleman……」

有個壯碩的男子上車了。光秀瞥了他一眼，覺得有點眼熟。男子身上穿著三星獅的棒球夾克，頭上戴著斗山熊的帽子，難以理解的組合。他和一開始就坐在後方的大塊頭打了招呼。

永賢反覆咀嚼光秀說的話，再次提問：

「叔叔成功的基礎，可以說是賺錢的天賦嗎？」

「天賦嗎……努力和天賦，你們認爲哪個比較重要？」

「我看書上說，努力可以戰勝天賦。」

「可惜的是，努力終究戰勝不了天賦。一個有天賦的人，如果再加上努力，沒有人看得到他們的車尾燈。成功的人之所以說努力是正確答案，是因爲如果他們說自己的成功是拜天賦所賜，別人應該會覺得倒胃口，認爲他們不需要努力，或是因此夢想破滅。因此，他們告訴想成功的人『只要像我一樣努力，任誰都能成功』，然後在比自己成功的人面前說『我的成功得益於天賦與環境』。」

「您的意思是，那些人強調努力可以戰勝天賦，是因爲他們已經獲得成果了？」

「沒錯。那些強調努力的人，肯定也努力過，但別人就算付出同樣的努力，卻無法獲得同樣的成果，差異便來自於天賦。所以我認爲，對那些沒有天賦的人強調努力有多重要，近乎暴力。」

「不過，直接表明『你沒有天賦』也很殘忍。」

「確實如此，所以最好換個說法，比如『你或許在其他領域更有天賦，要不要多嘗試看看』。」

「對於成功來說，天賦比較重要嗎？」

「你們好像覺得努力和天賦是相對的，但它們其實相輔相成。」

「我不太確定您的意思是，在沒有天賦的領域，不管多努力都沒用，還是單憑努力很難成功？」

「有些書籍和電視節目提到，一流的成功人士通常是兼具天賦、努力、運氣的人。假如巴菲特由吸毒的父母養大，他還會是現在的巴菲特嗎？」

「應該不太可能。當初要不是叔叔帶我們去看展覽，我們也不會開始做代理的生意。」

「那就要看你們怎麼想。但我們必須承認，即便不是我們能控制的事情，也可能對別人的人生造成莫大影響。因此，我們絕不能對別人說『你不成功，是因爲你不夠努力』。」

「那我可以把叔叔的成功視同天賦和努力的結合嗎？」

「世界級的投資人、企業家、運動員都是天賦異稟，並且非常努力的人，但平凡人和他們不一樣。畢竟致富不像奧運，沒有所謂的排名。」

「我對這個部分很好奇。除了那些不容小覷的人以外，我們身邊的平凡人究竟是基於哪些天賦，以及做了哪些努力，才取得成功的呢？」

「我認爲，做生意，天賦比努力更重要。因爲做生意需要洞察金錢的流向，開發打動人心的商品，以出眾的口才在第一時間吸引眾人目光。投資的世界卻不然。」

「您是說，對於投資來說，努力比天賦更重要囉？」

「對。做生意有可能像獨角獸一樣橫空出世，轉眼又消逝無蹤。但投資需要時間累積，除非遇到詐欺，否則不會瞬間消失不見。世界潮流迅速更迭，做生意的方向和方法也要隨之更迭。相對而言，資產更看重不變的本質，而非世界的潮流與變化。」

「迅速掌握潮流的直覺與臨機應變的能力，是做生意不可或缺的天賦，而投資看的是資產的本質，變化相對緩慢，比較不需要這類天賦，對吧？」

「沒錯。只要肯努力，任誰都能成爲我們身邊的平凡成功人士，取得財富自由。」

「財富自由的條件是要有一億元以上嗎？」

「嗯。我雖然有事業，也有投資，仍不到一億元的程度，那似乎更需要天賦。不過，這也沒有確切的標準。」

「那麼，還沒找到自己天賦的人該怎麼辦？」

「他必須出於個人意志尋找職業，而不是被迫工作。」

「職業和工作不是一樣的意思嗎？有工作，不就是有職業嗎？」

「大部分的人都是被迫工作，爲了糊口謀生，不能有空白期，必須得到別人的認可。就像鯛魚燒在模具裡，必須依序翻面，不然就會焦掉一樣。由此可見，大部分的人都只是在工作，根本沒有職業。」

「那什麼是職業？」

「沒有職場，依然可以賺錢的能力或技術。就算突然被公司解雇，也隨時有別的工作機會，他就是有職業的人。換句話說，工作對他而言不過是個外殼。」

「到頭來，我們追求的還是事業。」

「對，尋找天賦也和這件事息息相關。然而，許多人想著自己終究會找到天賦，在原地一味等待，這樣一來永遠都找不到。」

「確實不容易找到啊。」

「要分清楚，究竟是找不到，還是不想找。」

「啊……是……」

「在尋找職業或天賦的時候，必須思考如何從消費者變成生產者。人氣YouTube頻道，影片點閱數高達數十萬，甚至數百萬。我們笑笑看完這些影片，影片生產者的帳戶金額就愈來愈高。這就是消費者和生產者之間的差距。大多數人口口聲聲說自己也辦得到，卻又找各種理由推託。」

「實踐眞的很難。儘管我想做點什麼，也總是在不知不覺中找理由，解釋自己爲什麼辦不到。」

「無論是投資、做生意，或是成爲生產者都一樣。人都想找到完美的條件，但這世界沒有所謂的完美，就連地球都是歪一邊。以完美當作拖延的藉口，等到想做點什麼的念頭消逝，只會讓你這輩子成不了任何事。」

「但至少要滿足某些條件，才能做點什麼吧？」

「與其等待，不如主動滿足條件。事實上，從你想找到完美的條件那一刻，就已經跨出第一步，只是你沒有察覺罷了。經過邏輯驗證的自信固然重要，偶爾也要相信出於直覺的自信。」

「那也不能說做就做吧？」

「因此，必須培養內在力量，你才會懂得傾聽內心的聲音並付諸實踐。」

「內在力量？可以說得具體一點嗎？」

「內在力量是支持你的根本。有了堅固的柱石，累的時候就可以靠著它前進。它可以是一個榜樣，也可以是一本書，或是對成就的渴望。」

「好困難，我不太懂。」

「內在力量來自你的日常生活經驗，以及你的生活態度、看待世事的角度。煮泡麵的時候，我們會等到水煮滾才關火，然而，很多人卻在找到最珍貴的天賦之前、在努力加速之前、在好運即將發生之前，就按下停止鍵。很矛盾吧。」

「內在力量算是成功的基礎嗎？」

石。」

「準確來說，它更接近成長。這個看不見的成長，便是屬於我們自己的鑽

「鑽石是最昂貴的寶石吧。」

「是最堅硬、最耀眼的寶石。」

「那成功究竟是什麼？」

「你們心中想的那個成功並不存在。」

「這句話好難懂，成功怎麼會不存在呢？」

「知名的成功人士看似偉大，但偉大的人其實並不存在，偉大的是勇於挑戰心之所向的行爲。因此，必須培養內在力量，傾聽內心的聲音並付諸實踐。絕大多數的人認爲成功是必須抵達的遙遠目標，但成功其實是成長的經驗與過程，哪怕每天只前進一點點也好。」

音樂響起，車內開始廣播：

「各位旅客您好，本列車即將抵達終點釜山站，下車時請記得您的隨身行李，謝謝。Ladies and gentleman……」

坐在後方的大塊頭和壯碩的男子準備下車，朝光秀一行人的方向走來。光秀忍不住盯著壯碩的男子瞧。這人好眼熟。他的五官不同於體格，長得十分可愛。忽然兩人四目相交。啊，終於認出他是誰了。

他聽到他們之間的對話。

「大浩*啊，這附近有好吃的餐廳嗎？」

「大哥，我們去吃豬肉湯飯吧。」

*此處暗指韓國知名棒球選手李大浩。

14. 到月球去吧

從某一天起，坎佩諾的銷售業績逐漸下滑。有著類似設計的中國製產品明顯在一點一點蠶食市場。光賢和永賢將黃色花椰菜的影片競賽活動從露營擴展到釣魚、衝浪、單板滑雪、高爾夫等領域，勉強彌補了少賺的部分。

光賢和永賢存了一筆錢，也有了更多經驗，開始苦惱接下來要經營什麼事業。他們熬夜討論，卻想不出好點子。

「賣西瓜，好吃的西瓜，超甜的西瓜，吃到一半死掉也不會後悔的西瓜來了。賣西瓜，好吃的西瓜，超甜的西瓜，吃到一半死掉……」

賣西瓜的卡車在社區裡繞來繞去，喇叭傳來的叫賣聲吵醒了他們。這種程度的噪音他們一點也不介意。

「光賢，我們乾脆去外面鋪蓆子睡吧。」

「好啊，我們出去吧。」

永賢在衣櫃裡翻找衣服。衣櫃裡明明有很多衣服，卻找不到衣服穿。好奇怪。有，卻也沒有。

「光賢，我不知道要穿什麼。」

「我每天早上也都在煩惱這個問題。」
「等一下。」
「嗯？」
「這樣呢？」
永賢想了一下，然後說：
「我們把衣櫃裡的衣服拍照下來，上傳到應用程式，讓它告訴我們當天怎麼穿搭。我們可以從這裡開始。」
「先記下來。等等，我們沒錢啊。」
「也對，我們的錢都拿來買房子了。」
「找創投公司開會吧。」

一星期後，他們和創投公司約好開會的日子到來。
「要穿西裝嗎？」
「不用，感覺他們不會喜歡。穿連帽衫應該比較好。」
「好，就穿得和理科生一樣吧。」

「但我們想做的是時尚應用程式，要不要穿得時尚一點啊？」
「沒辦法了，只能穿萬年百搭，白T恤配牛仔褲了。」
兩人穿上白T恤和牛仔褲去開會。三位投資負責人坐在他們面前。
「好，請說明一下。」
永賢站起身，他沒有使用投影片，而是直接口頭介紹。
「各位好，我是黃色花椰菜的共同代表永賢。很多人一早醒來都有兩個煩惱，一個是『要起床了嗎』，一個是『今天要穿什麼』。我們想解決的正是其中一個煩惱：今天要穿什麼。我們的做法是，先將自己擁有的衣服拍照，上傳到應用程式，讓AI根據當天、當時段的天氣，以及手機行事曆的排程，提供合適的穿搭建議。」
光賢露出滿意的微笑，手不自覺地搓著鼻子下方。永賢對他使眼色，叫他快點把手放下。
負責人發言了：
「幫衣服拍照好像很麻煩。」
「將衣服拍照上傳，可以累積點數，點數可以用來購買已註冊品牌的商品。如果依照應用程式的建議穿搭，拍照上傳到應用程式，還可以獲得額外的點數。」

「假如沒有依照建議穿搭呢？」

「以其他方式穿搭也無所謂。只要點幾下，應用程式就能知道你沒有依照建議穿搭的原因，收集相關意見。這麼做同樣可以累積點數。」

「原來如此。那獲利模式是？」

「用戶可以輸入自己的體型數據，創建專屬的虛擬人像。除了自己的衣服以外，對應用程式推薦的商品按讚、收藏，就能讓虛擬人像進行試穿。頁面上方會顯示推薦清單，上衣和下著各六件，一半是廣告主的商品，一半是ＡＩ分析的優先推薦。不管用戶購買的是廣告主的商品或其他商品，都會收取一定的手續費。」

「聽起來煞有其事，不過……」

永賢想起之前麗娜說過的話：未來才能看到的東西，只存在於今日的瘋狂想像中！

「我認爲，未來才能享受的東西，只存在今日的想像中。」

他猶豫了一下要不要使用「瘋狂」這個詞，最後還是決定算了。我果然是膽小鬼。

負責人看著永賢，問道：

「目前有多少用戶呢？」

「我們還沒做出應用程式。」

「還沒做出應用程式嗎？我們投資的公司都已經有一定的發展。」

「黃色花椰菜代理經銷德國露營品牌坎佩諾的產品，經營的影片競賽活動平台也持續成長中。在什麼都沒有的情況下就請你們投資，會猶豫也是情有可原，但我認爲這個構想前景可期。」

「應用程式的名字決定了嗎？」

「pickshion。這是合成字，取自挑選衣服的 pick，與時尚 fashion 的尾音 shion。」

「pickshion……了解。我們內部決議之後會再跟你們聯絡。」

兩人在回程路上。月亮今天也高掛天空。

「光賢，小時候我爸問過我一個問題。」

「什麼問題？」

「他問我，月亮上住了誰？」

「當然是阿姆斯壯啊。啊，不好笑，抱歉。你怎麼回答？」

「我心裡想著月兔說不定住在那，可是卻回他月亮上怎麼可能住人。」

「哈哈哈，什麼嘛。你爸怎麼說？」

「我爸說……月亮上住著你爸。不管他怎麼伸長手，都勾不到……」

「……他這麼說啊。」

「但我爸只是伸長手，連助跑跳高都不願意。我們至少認眞衝刺了。」

光賢沒有回答，靜靜聽著。

永賢望向照亮天空的那顆黃色圓珠子，平靜說道：

「我想說的是，我們絕對能摸到月亮。不過，我爸最近有點變了。」

★

今天是大節日，光賢難得回家。爸媽的超豪華住處，和從白天就一堆老爺爺喝醉叫囂的公寓套房形成強烈對比。小時候用過的天文望遠鏡還放在原本的地方。

「爸，我回來了。」

「你回來啦。我們去探望奶奶吧。」

一回到家，馬上又要出門。他們前往地下停車場，裡面全是超跑，陣容比車展還要華麗。他遠遠就看到爸爸的銀色Genesis，想必是這裡面最便宜的車子吧。

光賢和爸媽坐上車，前往奶奶所在的療養院。

「爸，你怎麼不買好一點的車呢？」

「這台車不好嗎？」

「是不錯啦，但爸買得起更好的車吧？」

「比方說？」

「嗯……像是勞斯萊斯……」

「那隨時都可以買，反而引不起我的興趣。」

「咦？」

「我到現在都還記得，你上幼兒園的時候，收到變身機器人有多開心。」

「爲什麼突然這麼說？」

「你現在還想收到變身機器人嗎？」

「不想。」

「爲什麼？」

「因爲我不需要，也沒興趣了……」

「那就對了。」

「爸也是因爲這樣嗎？」

「沒錯。當時你很喜歡一個玩具，卻又沒錢買的時候，才會渴望得到它。你現在有錢了，隨時都可以到玩具店買下它，自然就對它沒興趣了。」

「原來如此。」

居然拿變身機器人比喻勞斯萊斯……唉。

窗外是支撐首爾天空的高樓大廈。車子行駛一段時間後，建築物的密度愈來愈低，天空也愈來愈寬廣。

光賢看著不斷掠過窗外的樹木，又望向背後的山。當他看著遠方的山時，看不見近處的樹木。

路上車子愈來愈少，車速愈來愈快。然而，太陽始終都在同一個地方。

好比投資、做生意，以及人生……

抵達療養院後，光秀小聲說：

「奶奶覺得住在我們家不方便。我本來想照顧她到終老，可是她說住在這裡比較自在，我只好帶她來了。看來父母的想法都是一樣的。」

光賢已經好久沒見到奶奶了。她比想像中更健康。

「奶奶！」

「哎呀，我的小狗狗又長大了。」

奶奶緊握光賢的手，用孩子般的表情和閃閃發光的眼眸看著自己的孫子。

「謝謝你，謝謝你。謝謝你健康長大。」

「奶奶，眞抱歉不能常常來看您。」

「哎，別這麼說。你來看我，我就很開心了。我的小狗狗啊。」

在奶奶面前，光賢感覺自己眞的變成小狗狗了。他想起自己以前不敢對爸媽撒野，老是在奶奶面前鬧脾氣的時候。稍微長大以後，他只顧朋友，不顧比爸媽更愛自己的奶奶。心裡眞是後悔。

光賢推著奶奶的輪椅，一家人來到療養院後方的庭園散步。春意盎然的綠樹散發出香氣，環繞在他們身邊。

「奶奶在這裡吃得習慣嗎？」

「我吃得很好，都胖了呢。」

「哈哈，那太好了。」

「你幸福嗎？」

「嗯？」

「奶奶想知道你過得幸不幸福啊。」

光賢一時答不出來，又怕奶奶擔心，便隨口回應：

「我當然幸福啦。哈哈哈。」

「嗯，我的可愛小狗狗一定要幸福喔。」

光賢忽然好奇問起：

「奶奶，您這輩子後悔過嗎？」
「哈哈，居然會問這種問題，你長大了呢。」
「我……只是好奇嘛。」
「應該算有吧。」
奶奶停頓了一拍，接著說下去：
「我後悔自己老是擔心這、擔心那，每次都往最壞的方向想。我以爲那是應對危機最好的方法。光秀出車禍怎麼辦，光秀沒飯吃怎麼辦，光秀公司倒閉怎麼辦，光秀和奇怪的女人結婚怎麼辦，滿滿的擔憂麻痺了我的思緒，控制了我的行動。憑良心說，我能去哪裡找這麼善良漂亮的媳婦啊。」
光秀老婆臉頰染上一抹粉紅，露出淺淺的笑容。
奶奶繼續說：
「我也浪費了太多時間怨恨別人。假如我把那些時間用來愛自己，愛我珍惜的家人和朋友，該有多幸福。」
「奶奶很愛我啊。我一直都這麼覺得。」
「聽到你這麼說，奶奶好幸福。」

奶奶吞了吞口水。

「我怨恨身邊的人，卻又怕失去他們。爲了得到所有人的認可，滿足所有人的需求，我有時候會覺得失去了自己。跟笨蛋一樣。」

「您有想做的事嗎？」

「我想學打鼓。」

「學打鼓嗎？」

現在的奶奶似乎和打鼓勾不上邊。

「我年輕的時候喜歡一個歌手，他們樂團的鼓手非常迷人。當時我想學打鼓，卻找了一堆藉口：像是女生打什麼鼓、我要養小孩、打鼓又賺不了錢……最後沒有學成。我到現在還是很後悔當初的選擇。光賢，你如果想學什麼、想做什麼，現在就去做吧。年紀愈大，愈沒有機會嘗試。假如你一直很想做某件事，我希望你放手去做。不趕快去做自己眞心想做的事，等到了奶奶這個年紀的時候，留下的不光是後悔，還有痛苦啊。」

「奶奶……」

「但至少我有優秀的兒子、媳婦和孫子，多美好。擁有你們，對我來說已經足夠了。」

光賢眼角噙著淚珠，他望向天空眨了眨眼。

「以前奶奶都會煎一顆荷包蛋，放在白飯上，再淋一匙醬油，我好想再吃一次喔。那是我最幸福的時候了。」

「看你吃得那麼香，我也很幸福。奶奶已經心滿意足，你和我有共同的回憶，這件事比什麼都重要。」

「人生眞的好短暫，時間居然過得這麼快。」

「光賢，你聽好了，人生其實很長，只是我們浪費太多時間，才會覺得時間過得很快。」

草坪上的草迎風搖曳。走在一旁的光秀說道：

「媽，我之前不是跟您提過一位藝術家嗎？我昨天和他碰面了。」

「用你的作品得獎那位藝術家嗎？」

「對，就是他。」

「你爲什麼和他碰面？」

・・・

「老師，您還記得您的第一件作品嗎？」

「當然啦，沒有那件作品，我不會有今天的地位。」

光秀覺得直接問他在哪裡買的似乎不太禮貌，慎重地再次提問：

「可以請教您是如何創作出它的嗎？」

「老實說，那不是我的作品。我在一家古董店發現它，然後為它上色。」

「您為什麼選擇它呢？」

藝術家想了一下，說出自己的答案：

「我當時一直在尋找有創意的東西。那一年，我走遍了全國各地，偶然走進一家古董店，發現它的當下，頓時覺得這世界上找不到更有創意的東西了。於是，我決定用它參加新興藝術家比賽。」

「您為什麼覺得它很特別呢？」

「一般都是把有用的東西結合在一起，但那件作品卻是把兩個沒用的東西結合在一起，讓我感受到它的另一層意義。」

「您感受到的意義是什麼呢？」

「我將作品命名為『負與負的連結』。我之所以讀美術系，是因為自認很會畫畫，殊不知，那裡有太多優秀的同學，我陷入憂鬱。我當時想，為什麼別人都如此優秀，只有我是這副德行。後來我發現，有那種想法的不只我一個人，許多人都活在自我貶低當中。我因此開始思考：每個人都有優點，那為什麼我們要活成這樣？說不定別人眼中的我也有優點，哪怕只是一件不值一提的事。我在古董店看見它的時候，它的作品說明只有一句：『雖然我們是微不足道的存在，但稍微改變一下，就什麼都能做到。』沒想到我會因為它獲得新興藝術家獎，我自己也很驚訝。當初看別人說出各種美好哲理時，我還覺得自己好像做錯了。如今回想起來，實在很好笑。」

「原來背後有這樣的故事。」

「您怎麼會約我見面呢？」

「我約老師見面是因為……那件作品是我做的。」

「咦？難道……」

「我父母是那家古董店的老闆。」

藝術家露出既驚慌又開心的表情，他向光秀道歉：

「要是讓您不開心，我很抱歉。」

「別這麼說，我非常感謝老師讓我本來打算丟掉的東西，重新出現在世人面前。我今天來找老師，主要是想委託您製作辦公大樓門面的造景。不知道您能不能創作一件能夠賦予人們力量、為亟需改變的人帶來勇氣的作品呢？」

面對光秀意外的提案，藝術家思考了一下，然後用力點了點頭。

「好，我試看看吧。」

15. 我那有錢的高中同學

凌晨四點三十分，光秀洗漱完畢後走向書房。他打開音響，按下播放鍵。李斯特的《第二號安慰曲》迴盪在冷冽空氣中。

他看著放在書桌上的父母合照，接著打開筆記本，開始削鉛筆。這把鉛筆刀是父母送給他的第一個禮物。父母應該還送過其他的東西，但這把鉛筆刀是他心目中的第一個禮物。他拿起削好的鉛筆，畫起自己想畫的東西。

早上六點，他拉開百葉窗，準備看日出。從縫隙中輕輕流洩的光線說明了目前的溫度舒適宜人。

清晨四點三十分，永哲出門上班。

唰。

他拉起店鋪的鐵捲門。淡雅的白底黑字招牌上，寫著這家店的名字：

to the toast

他戴上食品衛生帽、口罩，以及衛生手套，拿出昨天發酵好的麵團。他拉長有如巨大布丁的麵團，接著輕輕拍打它，讓氣體排出，然後再對折幾次，放進揉麵機。麵團開始變黏的時候，永哲將自行研發的材料加了進去。

他拿出麵團，放入吐司模。一共六種口味。

伯爵茶十條，羅勒起士十條，藍莓十條，玉米十條，五穀雜糧十條，大蒜蔓越莓十條。

總共六十條。

今天有大單。雖然很忙，但令人開心。

早上八點，開店了。

叮鈴、叮鈴。

三個小鈴鐺撞在一起，發出清亮的聲音。

「歡迎光臨！」

永哲的招呼聲充滿朝氣。

「永哲老闆，早安！」

光秀輕輕揮動張開的手掌。

永哲從烤箱裡拿出吐司。

剛烤好的吐司有著優雅的蓬鬆度，冉冉升起的白煙讓它看起來像在呼吸一樣。

「你訂的麵包做好了！」

「感謝永哲老闆！我們會好好享用的！」

八點三十分，永哲將吐司一一裝入紙袋，袋子上寫著「當日現做」。

光秀雙手提著紙袋，前往公司。

他和員工互道早安。

將吐司放在茶水間的置物架上。

經過巨大的落地窗，來到陽光和煦的董事長辦公室。

他打開筆電。黑色的螢幕上映照出他的臉。

他按下電源開關。背景畫面出現後，他的臉消失了。

下午六點，永哲來到光秀的新辦公大樓。他在祕書的引導下，走進董事長辦公室。

「今天東西全賣光了，所以我提早打烊。」

「恭喜你。」

「謝謝。你的員工還喜歡嗎？」

「他們中午都不吃飯，只吃吐司配牛奶。下次要多買一點了。你每天凌晨起來做麵包不累嗎？」

「很累，但很有趣。之前一直沒有回本，現在總算賺錢了。我瘦了超過五公斤呢。」

永哲消瘦的臉上浮現微笑。

「一開始的時候，我每天都不知道花多少時間在工作。過了幾個月，我的身體發出警訊，告訴我再那樣下去會死掉。好在那時候食譜大功告成，不必再花那麼多時間做研發。我現在已經好很多了。」

「眞是幸好。工作之餘，也要照顧好身體才行。你說今天全賣光了，眞令人開心。」

永哲望向窗外。

「剛開店的時候，要不是你常常訂大單，我連店租都付不起，哪撐得到現在。」

「我知道你一定辦得到。你做的吐司超好吃的，有什麼祕方嗎？」

「開店三個月左右的時候，永賢帶我去一家餐廳，說是你帶他去的。那裡賣辣炒豬肉蓋飯和炸雞蓋飯，整棟建築都是店面，卻還要排隊。」

「原來你去了那裡啊。」

「永賢好像認識餐廳老闆，他介紹老闆給我認識，還跟老闆說『我爸開了一家吐司專賣店，可是生意不太好，不知道行銷出了什麼問題』，老闆回答他『專心顧好顧客滿意度這個本質，生意自然會變好』。聽到那句話，我立刻想起你之前說的投資和資產的本質，果然本質是最重要的。」

「我很好奇，to the toast 的本質是什麼？」

「我一開始想出做出好吃又好看的吐司，但我發現那不是我追求的本質。我著重的只有三件事：價格、味道、低熱量。因此，我不放糖，專心研發配料和發酵，總算達成目標。我報廢的吐司應該有幾百條吧。」

「低熱量的東西通常都不好吃，但是你做到了。好厲害。」

「很多人喜歡吃麵包，卻又怕胖，我就是其中一個。但我沒有吐司活不下去啊。」

「怪不得我的員工吃了一堆也沒變胖。哈哈。」

永哲看著光秀辦公室的蘭花，開口說道：

「其實，我之前上班的時候，根本聽不懂你對我說的那些話。不過我現在懂了，關於資產、投資、金錢和財富。儘管我仍一無所有，但我知道該怎麼做了。」

「你可是當上高階主管的人，絕對可以做得很好。」

「說實在的，我在知道自己升上高階主管的當下，比永賢出生的時候還開心。然而，當我在自己的辦公室，聞著滿室的蘭花香時，卻感到喘不過氣。」

「爲什麼呢？」

「我當時滿腦子只想著，接下來就是下坡了。很奇怪吧。那是我求了一輩子的位置，拚盡一切得到的果實，我卻想要回頭。我看著那些蘭花，心想『要和蘭花待在同一個空間，也要有同樣的器度吧』。短短一年就卸下高階主管職的那天，我出於抱歉，緊緊抱住了永賢。你知道我還是上班族的時候，最擅長什麼嗎？」

「當上高階主管，想必很擅長工作，也很懂直屬上司的心吧。」

「你說的這些都沒錯，但我最擅長的是在兩小時內完成上班八個小時要做的工作。好笑吧？剩下的六個小時，我想的都是什麼時候可以下班，要和老婆說什麼藉口才能去找朋友玩，什麼時候請年假，又要去哪裡玩比較好。唉，眞是羞愧。你之前明明告訴我時間和金錢一樣重要，我到現在才懂。」

「這樣啊。」

「昨天沒用完的麵團可以放冰箱，今天繼續用；今天麵團不夠用，可以先拿明天的來用。可是時間不能這樣用，所以……」

「所以？」

「我享受、專注當下的每一刻。」

光秀笑著對永哲說：

「太帥氣了。」

他感受到永哲這顆原石經過不斷磨鍊，流瀉出細微的光芒。

「我開始做生意那幾年，也覺得自己被工作支配，變得和前老闆沒什麼兩樣，老是擔心明天會不會發生什麼事、會不會出意外、會不會有人提告、會不會收不到錢、水泥的品質會不會變差，沒有不擔心的事。可是，我始終記得一件事。」

「什麼事？」

「我做得到。與我的潛力相比，這些艱難時刻微不足道。我一直這麼告訴自己。」

我做得到。永哲仔細思考這句話。

夢想不再是個困難的課題。

渴望已久的夢想、令人熱血沸騰的夢想，過去看似遙不可及，如今又更靠近一步。

光是思考眞正的人生意義，就讓人滿腔熱情，這麼做似乎可以幫助自己拋開恐懼，寫下更多的故事。

光秀的辦公桌上擺放著一份報紙，採訪黃色花椰菜代表光賢和永賢的新聞稿占據了很大的版面。

「你們公司的名字相當特別，有什麼意義嗎？」

「這個名字是坎佩諾的老闆幫我們取的，沒有她就沒有今天的我們。那時候我們頂著黃色泡麵頭假髮，和她一起參展。」
「很特別呢。好，我們就好好來聊聊兩位接下來要進行的商業構想吧。」
「永哲，我們的孩子都長大了呢。」
「時間過得好快。」
「對了，還記得以前幫你們公司蓋新辦公大樓時，你們公司派來的那個組長嗎？我前陣子看到他了。」
「他當時突然被公司解雇，我很好奇他去哪了。你在哪裡看到他的啊？」
「他在我昨天去的那家餐廳幫人泊車。雖然我們看到對方了，但我裝作沒發現。」
「眞假？哇……好難想像。他在公司受到極大的肯定，突然其來的解雇滿令人訝異的。」
「那是他自作自受。我們有選擇與決定的自由，責任當然得自行承擔。」
永哲忽然想起工地所長在興建辦公大樓期間對他說過的話：我是建造希望的人。

「光秀，你不是建築家嗎？你覺得你建造的是什麼？」

「我嗎？哈哈。你可能會覺得很奇怪，但我建造的是希望。」

一模一樣。

「比起偉大與否，完不完整更重要。確切來說，是擁有完整的希望。依我個人的觀點，建造學校就是爲孩子建立希望與教育的完整性，建造公司就是爲上班族建立希望與經濟的完整性。」

印在報紙上的兩個年輕人笑得開心。光秀看著照片說：

「我叫他們不要自我設限，但畫地自限的好像是我自己。」

「你在說什麼啊？你這麼成功耶。」

「出國讓我壓力很大。除了美國股票以外，我的建築事業、流通事業和投資都限於韓國國內。但我希望永賢和光賢不受國界限制，自由追求夢想。」

「捐獻平台還順利嗎？名氣大到幾乎無人不知、無人不曉呢。」

「滿順利的。平台金流完全對外公開，扣除伺服器管理費用和人事成本，剩下的淨利全數捐出。」

「話說回來，我之前不是跟你說過我買了路巴還是路那的股票嗎？我當時因爲股票大跌，去了漢江。我不是要學人跳漢江，只是想感受一下其他人爲什麼會去。我那時候什麼都怪別人，自認沒做錯任何事，推卸所有責任。我把被害者心態當成工具，一心只想逃避責任與問題。因爲將問題推給別人很容易，也不會那麼痛苦。我甚至覺得在這種悽慘環境中生活的自己很了不起、很可憐，對自己產生同情。那樣的我很討人厭吧？我連自我正在萎縮都不知道。」

「臭小子……原來有這種事。」

「那你記得我之前說的那那世界嗎？」

「當然。聽完你說的話，我也思考過我自己的那那世界。怎麼了嗎？」

「我以前認爲那那世界就像遠在天邊的月亮、逝去的時光、不能反悔的選擇。但我現在學會了，與其留下遺憾，任由那那世界大過現實世界，不如直接跳進那那世界。」

「跳進那那世界以後，你有什麼感想？」

「那那世界沒有我想像中的美好。偶爾也會出現其他的那那世界，但我可以肯定，我的人生變得完整了。」

永哲瞥見光秀的公事包插著鼓棒。

「你在學打鼓？」

「沒有啦，那是給我媽的。」

「她不是已經……」

「嗯。我希望我媽到了天堂，可以挑戰看看她長久以來的小小願望，所以我打算今年去掃墓的時候送她鮮花和鼓棒。」

「她一定會很開心。」

兩人看了鼓棒，接著轉頭看向落地窗外的風景。

萬里無雲，視野遼闊。

「天氣這麼好，要不要出去散個步？」

光秀和永哲走到公司外面，那裡有個巨大的造景。永哲總覺得眼熟，於是走近確認。

「光秀……這該不會是……」

「是啊。我媽離開人間去見我爸後，我一直不知道該怎麼整理古董店。正好藝術家問我可不可以使用店裡的東西，我就請他全部拿去用。」

「他把全部東西都黏在一起了？」

「我也沒想到他會這麼做，藝術家果然不一樣。」

一旁有塊小小的大理石，上面寫著作品介紹：

作品名稱：正與正的連結

作品說明：每個人都斷定自己是負的存在，但那不過是一小部分的自己試圖往負面的方向思考罷了。事實上，我們都是正的存在。假如你發現了自己的小缺點，還把它放大來看的話，希望你可以即刻開始尋找自己的美好優點，讓自己成爲正的存在。若你身邊的人和你一樣都是正的存在，你們的未來將無比耀眼。

街道上，輕快的爵士樂音隨風飄揚。路邊有人在畫似顏繪。畫家抓出客人五官的重點，畫出宛如漫畫的人像。

「永哲，我們也畫畫看吧！」

「好啊！」

to the toast開了第三家分店。好有趣，好幸福，好有活著的感覺。

書桌抽屜裡塞滿了記錄配方的筆記。從另一個角度來看，應該更像是「失敗筆記」。永哲一頁一頁翻看起來。

上面寫著光秀說過的話，其中有個詞重複了好幾遍：

觀照的態度、觀照的視線、觀照的生活。

翻到下一頁，有段話畫了好幾條線強調：

目標不是「致富」，而是成爲「能靠自己力量致富的人」。

爲了成爲能靠自己力量致富的人，思考自己究竟能付出什麼，努力培養內在力量的那段日子浮現在他的腦海。回想起來，還眞是發生了不少事。

這個世界充滿難以理解的事，導致這些事發生的原因也不勝枚舉。但即使遭遇混亂、挫折、恐懼、悲傷、失敗，只要我們繼續前進，溫暖的明天一定會到來。擺脫了被人牽著鼻子走的生活模式，開始懂得分配自己的時間，控制自己的情緒，永哲覺得這樣的自己還不錯。但願今天剩下的時間裡，可以繼續保持下去。

天花板角落的喇叭傳來蕭邦的《英雄波蘭舞曲》，加上烤箱飄出的吐司香氣，店內洋溢著令人心動的溫暖。

後記

永哲輕輕按下許久未開的證券應用程式。由於太久沒有使用，應用程式跳出更新提醒。一分鐘後，更新完成了，緊接著是身分驗證。完成登入步驟，他緊張地按下「我的資產目錄」。

股票名稱：路那生物科技

報酬率：負六八％

該放手了。

慢走。

我很抱歉拖到現在。不管是對你，還是對我。

永哲按下「全額賣出」。

鬆了一口氣。

閒來無事，他打開電視。

短髮主播字正腔圓地唸著新聞稿：

「新聞快報！我國的路那生物科技歷時十七年，終於研發出生髮藥。千人參與的公開臨床試驗證明，只要塗上這款新藥，一星期就能長出頭髮。不久後，路那生物科技將在國內上市，包含Google在內的世界知名企業都確定投資。先前有謠言說他們操縱股價和詐欺，但研究團隊始終沒有放棄……」

他關上電視。

「可惡啊……哈……」

過了一會，永哲露出意味深長的微笑。

附錄

文中選用的古典樂皆能自然融入各個情境的氣氛、時間、對話主題。最後一首蕭邦的《英雄波蘭舞曲》，推薦各位欣賞鋼琴家趙成珍的版本。

· 光秀家：蕭邦《第二號鋼琴協奏曲第二樂章》
· 漢南洞藝廊：舒伯特《A小調琶音琴奏鳴曲》
· 炸雞城堡蓋飯餐廳：德布西《月光》
· 婚宴會場：巴哈《G弦上的詠嘆調》
· 東草露營區之一：柴可夫斯基《胡桃鉗》中的〈Departure of the Guests–Night〉
· 東草露營區之二：布拉姆斯《B小調單簧管五重奏》，作品編號一一五
· 凌晨時分的光秀書房：李斯特《第二號安慰曲》
· to the toast 店內的最後一個場景：蕭邦《英雄波蘭舞曲》

Eurasian Publishing Group
圓神出版事業機構
用心與你對話．視野無限寬廣
先覺出版社
Prophet Press

www.booklife.com.tw reader@mail.eurasian.com.tw

商戰系列 254

我那有錢的高中同學：擁抱致富思維，成爲富一代

作　　者／宋熙九
譯　　者／ Loui
發 行 人／簡志忠
出 版 者／先覺出版股份有限公司
地　　址／臺北市南京東路四段50號6樓之1
電　　話／（02）2579-6600 · 2579-8800 · 2570-3939
傳　　眞／（02）2579-0338 · 2577-3220 · 2570-3636
副 社 長／陳秋月
副總編輯／李宛蓁
責任編輯／劉珈盈
校　　對／朱玉立．劉珈盈
美術編輯／李家宜
行銷企畫／陳禹伶．黃惟儂
印務統籌／劉鳳剛．高榮祥
監　　印／高榮祥
排　　版／陳采淇
經 銷 商／叩應股份有限公司
郵撥帳號／ 18707239
法律顧問／圓神出版事業機構法律顧問蕭雄淋律師
印　　刷／祥峰印刷廠
2025年8月　初版
2025年9月　4刷

나의 돈 많은 고등학교 친구 : 슈퍼리치와의 대화에서 찾아낸 부자의 길

定價 370 元　　ISBN 978-986-134-543-7

財富的價值，不只是讓我們想買什麼就買什麼，而是讓我們有「選擇」的權利。選擇生活的方式、選擇工作的模樣、選擇生活品質的程度……等等。價值觀正確，走正道。你將時間花在哪邊，將來自然會慢慢回報。

——畢德歐夫，《最美好、也最殘酷的翻身時代》

國家圖書館出版品預行編目資料

我那有錢的高中同學：擁抱致富思維，成為富一代 /
宋熙九著；Loui 譯 -- 臺北市：先覺出版股份有限公司，2025.08
352 面；14.8×20.8 公分
譯自：나의 돈 많은 고등학교 친구 : 슈퍼리치와의 대화에서
찾아낸 부자의 길
ISBN 978-986-134-543-7（平裝）
1. 金錢心理學　2. 思維方法
561.014　　114007939